公共部门绩效工资：
理论与实践

孟凡蓉　著

知识产权出版社
全国百佳图书出版单位

内容提要

　　本书的研究将填补国内公共部门员工绩效影响因素等研究领域的空缺，也是对建构有中国特色的公共组织理论的积极探索。同时，本书内容涉及公共管理学、公共经济学、组织行为学与心理学等多学科门类，将融合多种测量技术与工具对外部制度与内在心理等多方面内容进行实证研究，深入探讨公共部门工作人员的职业特征和心理特点，为寻求合理的管理途径提供理论依据，对于我国公共部门人力资源的管理理念、激励机制的完善具有重要意义。

责任编辑：王　辉　　　　　　　　　　责任出版：刘译文

图书在版编目（CIP）数据

　　公共部门绩效工资：理论与实践／孟凡蓉著．—北京：知识产权出版社，2013.11
　　ISBN 978-7-5130-2440-2

　　Ⅰ.①公… Ⅱ.①孟… Ⅲ.①义务教育—教师—工资—管理—研究—中国 Ⅳ.①G635.15

　　中国版本图书馆 CIP 数据核字（2013）第 273201 号

公共部门绩效工资：理论与实践
GONGGONG BUMEN JIXIAO GONGZI LILUN YU SHIJIAN

孟凡蓉　著

出版发行：	知识产权出版社 有限责任公司		
社　　址：	北京市海淀区马甸南村1号	邮　　编：	100088
网　　址：	http://www.ipph.cn	责编传真：	010-82000860 转 8353
发行电话：	010-82000893 82000860 转 8101	传　　真：	010-82000893
责编电话：	010-82000860-8381	责编邮箱：	wanghui@cnipr.com
印　　刷：	保定市中画美凯印刷有限公司	经　　销：	新华书店及相关销售网点
开　　本：	787 mm×1092 mm　1/16	印　　张：	10.75
版　　次：	2013年12月第1版	印　　次：	2014年3月第2次印刷
字　　数：	170 千字	定　　价：	36.00 元

ISBN 978-7-5130-2440-2

出版权专有　　侵权必究

如有印装质量问题，本社负责调换。

前　言

在中国公共部门改革进程中,绩效工资政策是近年来备受争议和瞩目的重要改革措施之一。对于公共服务人员而言,绩效工资这种外在经济激励是否能起到真正的激励作用,也是实践管理者和学者们共同关心的重要话题。国外大量对于公共部门员工的实证研究已经表明,绩效工资政策对员工的激励作用并不明显,反而会造成管理者与员工的信任感缺失、员工工作满意度甚至绩效降低等情况的发生。因此,深入分析绩效工资政策对我国公共部门工作人员的心理和工作态度的影响,对进一步推动公共事业单位分类体制改革,提升公共服务质量具有重要的现实意义,同时对于丰富中国情境下的公共管理研究具有一定的理论价值。

本书在对国外公共部门绩效工资理论与实践综述比较的基础上,从社会交换和动机的视角进行分析,突出了绩效工资政策的特有属性和公共服务领域人员的心理特点,以中国义务教育教师为研究对象,通过案例研究和理论分析构建了绩效工资政策影响分析框架,并以问卷调查的方式进行了数据收集和统计分析,探讨绩效工资政策的不同层面对教师心理和工作投入的影响路径和作用机理,前瞻性地为未来我国公共部门实施绩效工资政策提出相关策略建议。其结果对于推动公共部门单位绩效工资改革,通过科学合理的制度激励员工,提高公共服务质量具有理论参考和实践指导意义。

本书共七章,主要内容包括绪论、理论基础与研究综述、概念模型构建与假设提出、研究方法、实证分析、结果讨论、结论与展望。本书可作为各级政府、事业单位、非营利组织等公共部门的工作人员、培训机构工作人员、高校师生等作为绩效管理参考用书阅读和使用。

目 录

1 绪 论 ·· 1
  1.1 现实背景 ··· 1
    1.1.1 新公共管理运动倡导公共部门管理改革 ······················ 1
    1.1.2 绩效工资政策在我国公共服务领域的实施 ···················· 4
  1.2 理论背景 ··· 7
    1.2.1 绩效工资研究的争议 ·· 7
    1.2.2 当前研究的启示与不足 ·· 9
  1.3 研究问题的提出及意义 ··· 12
  1.4 研究方法 ··· 14
  1.5 研究框架与主要内容 ·· 14

2 理论基础与研究综述 ·· 17
  2.1 理论基础 ··· 17
    2.1.1 政策过程理论 ··· 17
    2.1.2 动机理论 ··· 21
    2.1.3 社会交换理论 ··· 26
  2.2 绩效工资政策 ··· 28
    2.2.1 绩效工资政策的发展历程 ·· 28
    2.2.2 绩效工资的概念与测量 ··· 29
    2.2.3 绩效工资的研究现状与趋势 ····································· 30
  2.3 公共服务动机 ··· 33
    2.3.1 公共服务动机的发展历程 ·· 33

  2.3.2 公共服务动机的内容与测量 ································· 35
  2.3.3 公共服务动机的研究现状与趋势 ··························· 37
 2.4 领导成员交换 ··· 40
  2.4.1 领导成员交换的发展历程 ··································· 40
  2.4.2 领导成员交换的结构与测量 ································· 41
  2.4.3 领导成员交换的研究现状与趋势 ··························· 43
 2.5 工作投入 ·· 46
  2.5.1 工作投入的发展历程 ·· 46
  2.5.2 工作投入的结构与测量 ······································ 48
  2.5.3 工作投入的研究现状与趋势 ································· 49
 2.6 本章小结 ·· 52

3 概念模型构建与假设提出 ·· 54
 3.1 概念模型的逻辑结构 ··· 54
  3.1.1 现实案例分析 ·· 54
  3.1.2 模型要素选择 ·· 66
 3.2 绩效工资政策对教师工作投入的影响分析 ·················· 69
  3.2.1 绩效工资政策现实性对教师工作投入的影响 ············ 69
  3.2.2 绩效工资政策公平性对教师工作投入的影响 ············ 70
 3.3 假设的提出 ··· 72
  3.3.1 绩效工资政策与工作投入 ··································· 72
  3.3.2 公共服务动机对绩效工资政策与工作投入的中介作用 ··· 74
  3.3.3 领导成员交换对绩效工资政策与工作投入的中介作用 ··· 78
  3.3.4 概念模型的建立 ··· 81
 3.4 本章小结 ·· 83

4 研究方法 ··· 85
 4.1 数据收集过程 ·· 85

　　　　　　　　　　　　　　　　　　　　　　　　　　目　录

　　4.1.1　研究背景 ··· 85
　　4.1.2　问卷设计 ··· 85
　　4.1.3　样本的确定 ·· 86
　　4.1.4　调研过程 ··· 87
　　4.1.5　获得数据的基本情况 ·· 89
4.2　变量的测量 ·· 90
　　4.2.1　变量度量指标选择的原则 ··· 90
　　4.2.2　变量的测量题项及依据 ·· 91
4.3　统计分析方法与过程 ·· 97
　　4.3.1　描述性分析 ·· 97
　　4.3.2　信度分析 ··· 97
　　4.3.3　因子分析 ··· 98
　　4.3.4　假设检验方法 ·· 101
4.4　本章小结 ··· 104

5　实证分析 ·· 105
5.1　数据特征分析 ··· 105
　　5.1.1　变量的内容效度 ·· 105
　　5.1.2　变量的结构效度 ·· 105
　　5.1.3　变量信度的检验 ·· 108
5.2　描述统计与相关分析 ·· 111
　　5.2.1　各变量的描述性分析 ·· 111
　　5.2.2　相关分析 ··· 113
5.3　多元回归分析与假设检验 ·· 115
　　5.3.1　绩效工资政策、公共服务动机与工作投入之间关系的假设验证 ····· 115
　　5.3.2　绩效工资政策、领导成员交换与工作投入之间关系的假设验证 ····· 118
5.4　本章小结 ··· 119

6 结果讨论 ······ 121
6.1 对假设验证结果的讨论 ······ 122
6.1.1 绩效工资政策与工作投入之间的关系 ······ 122
6.1.2 公共服务动机的作用 ······ 125
6.1.3 领导成员交换的作用 ······ 127
6.2 研究结果的理论意义 ······ 129
6.3 研究结果的实践意义 ······ 131

7 结论与展望 ······ 134
7.1 主要研究结论 ······ 134
7.2 本文的创新点 ······ 136
7.3 研究局限与未来展望 ······ 138

参考文献 ······ 140

1 绪 论

1.1 现实背景

1.1.1 新公共管理运动倡导公共部门管理改革

在全球化趋势日益加快,世界各国的行政改革和公共部门的改革浪潮峰起迭涌的今天,传统官僚科层制已经不能适应这个社会日新月异的变化和时代的飞速发展。无论是在公共组织还是在公共服务方面,无论是在组织结构上还是在管理上,都将受到新的理论的强烈影响,需要引入新的管理模式和方法。20世纪70年代末80年代初,一场声势浩大的行政改革浪潮在世界范围内掀起。在西方,这场行政改革运动被看作一场"重塑政府"、"再造公共部门"的"新公共管理运动"。尽管"新公共管理"在各国的实践有着不同的形式和表述,但各种定义的基本取向是一致的,即新公共管理是一种以采用商业管理的理论、方法及技术,引入市场竞争机制,提高公共管理水平及公共服务质量为特征的管理主义。其普遍具有的特色就是企业管理技术的采用、服务及顾客导向的强化、以及公共行政体系内的市场机制及竞争功能的引入。Holmes 和 Shand 认为新公共管理运动产生了一种相对于传统的韦伯式科层制而言的新的范式,在公共部门之间和内部创造一个竞争性的环境,崇尚"顾客至上"的服务导向[1]。新公共管理运动,不仅是政府理念的创新,使政府能更好地适应经济市场化、国际化、多元化的要求,在和谐中求发展;更是政府职能和机制上的创新,一方面努力解决政府职能的越位、缺位、错位问题,另一方面通过把一些科学的企业管理方法引入公共行政领域,促进政府工作效率的提高。

"新管理运动"中一个典型的改革举措就是推崇弹性人事制度,一改过去在西方也盛行的文官终身制,加强了在人员录用、任期、管理上的灵活性,主张采用私营部门的制度按业绩奖励考核的做法。因此,绩效工资政策在公共部门的使用也就应运而生。

1978年是美国公共部门人力资源改革历史上十分重要的里程碑。这一年,卡特政府通过了著名的《公务员制度改革法》。改革的内容很广,提供了人才公平、平等、竞争发展的环境,功绩制的进一步完善更是改革的重点之一。表现在考核上,则是实行绩效评估,强调绩效目标,签订绩效合同,排除了奖励方面的论资排辈现象,在此基础上实行功绩工资制(merit pay),除一部分基本工资外,另一部分工资为"绩效工资",其数额由工作成绩来决定。如克林顿政府在改革时,克林顿与五个内阁部长以及两个独立机构领导人签订了绩效合同,明确绩效测评的目标,确立奖惩的标准[2]。英国在公务员的激励上也注重实行绩效评估和灵活的薪酬奖励制度。1983年成立效率小组和1984年创立的国家审计办公室,首先从组织上为绩效评估提供保证,并启用大量公民在广泛的公共服务领域进行评估。同时改革传统的等级工资制,于1989年建立绩效工资政策,即以绩效工资为主的灵活付酬制度。这一制度将公务员的工作业绩与奖励直接联系起来,各个部门和执行机构对所属公务员进行绩效评估,根据公务员的绩效表现,来确定其工资多少,改变了过去对公务员工资自动提升增加的做法。该种制度的具体做法是把增加的工资额部分集中在一起,作为一笔基金,奖励给那些在工作中表现优秀的人,而不是每个人平均地自动地增加工资[3]。法国在20世纪90年代公务员体制改革中,也采取了相应的举措。首先通过对相同机构和同等级别实行报酬差异的原则,打破了大锅饭和平均主义,其次改进额外奖励制度,在综合考虑部门之间的总体水平及每个机构的内部情况下,以完成任务的数量质量、每个人的工作效率为依据进行评估,并根据结果决定奖励的数额,这种做法已开始在法国各公共部门和公共服务领域推行[4]。

从总体看,西方发达国家公共服务领域工作人员的激励机制中,大量了借鉴私营部门的较为科学的评估技术方法对工作人员的业绩进行评价,具有一定的积极意义。同时在此基础上,各国都把绩效评估与员工的晋升、薪酬、福利待遇紧密联系起来,实行绩效工资和业绩奖励制度,一定程度上激发了员工工作的积极性和主动性,对于吸引优秀人才进入公共服务队伍起到了较好的作用。正如美国国家标准与技术研究院在报告中指出:长期的绩效工资项目应"使优秀者更具有竞争力,保留更多的优秀者,和扩大管理者的在雇佣和薪酬决策方面的权威"[5]。但是这种激励机制在内容上还需要进一步完善,例如绩效评估指标侧重于经济效益和定量标准,忽略社会公平、个人权利、公众责任等公共服务领域的多元价值目标,对于一些难于量化的道德品质、政治素养等重要却不易量化内容的标准难以确定。在实施过程中也还存在不少问题,由于绩效工资方案制定过程比较复杂,涉及评估结果的准确性,奖励标准的制定等方面,在实际操作中不可避免的会受到不同领导风格和组织文化的影响,因此在实际运用中也容易变形走样。美国非营利机构"公共服务伙伴"的政策研究副主席 John Palguta 认为绩效工资政策的效果应取决于"严格的控制",其中包括"清晰的使命、科学的工作文化以及员工的参与"。如果绩效工资政策的实施不考虑到现实中的具体操作问题,将会是失败的[6]。

转轨时期的中国,如何面对这股来势凶猛、生机勃勃的公共服务的改革浪潮,如何抢占 21 世纪我国公共人力资源的制高点,已成为一个迫切的课题。事业单位是我国经济社会发展中提供公共服务的主要载体,是我国社会主义现代化建设的重要力量。据人保部数据,目前全国共有事业单位 120 多万个,工作人员 3000 多万人,其中专业技术人员约 2000 万人,占全国专业技术人员总数的 47.3%。改革开放特别是党的十六大以来,事业单位提供公益服务总量不断扩大,服务水平逐步提高,在促进经济社会发展、改善人民群众生活方面发挥了重要作用。当前,我国正处于全面建设小康社会的关键时期,加快发展社会事业,满足人民群众公益服务需求的任务更加艰巨。面对新形势新要求,我国社会事业发展相对滞后,一些事业单位功能定位不清,政事不分、事企不分,机制不活,导致公益服务供给总量不足,供给方式单一,资源配置不合理,质量和效率不高。因此迫切需要深化公共事业单位改革加以解决[7]。因此,我国需要在借鉴他国公共部门人力资源改革经验的基础上,进一步深化我国以事业单位为主的公共服务领域的收入分配改革,这不仅是深入贯彻落实科学发展观、构建社会主义和谐社会的必然要求,是推进政府职能转变、建设服务型政府的客观需要,更是完善公共服务人员激励机制、提高事业单位公益服务水平、加快各项社会事业发展的重要举措。

1.1.2 绩效工资政策在我国公共服务领域的实施

尽管绩效工资在西方发达国家公共管理领域作为主要的激励方式已有三十年的历史,我国在此方面的应用才刚刚起步。2006 年 6 月,人事部、中组部等部委联合下发了《关于印发事业单位工作人员收入分配改革方案的通知》[8]和《事业单位工作人员收入分配制度改革实施办法》[9]等文件,各省市相继进行了事业单位工作人员收入分配改革落实工作。目前,全国范围的"政策入轨"工作已基本完成,事业单位均已进行了 2006 年工改的第一步,岗位工资和薪级工资部分均已实施,但这仅是改革的第一步,还有绩效工资、津贴补贴两部分需进一步完善。2008 年 12 月,国务院总理温家宝主持召开国务院常务会议,审议并原则通过《关于义务教育学校实施绩效工资的指导意见》[10],从 2009 年 1 月 1 日起在全国义务教育学校实施绩效工资,确保义务教育教师平均工资水平不低于当地公务员平均工资水平。在此基础上,从 2009 年 10 月 1 日起,配合医药卫生体制改革,特别是实行基本药物制度,在疾病预防控制、健康教育、妇幼保健、精神卫生、应急救治、采供血、卫生监督等专业公共卫生机构和乡镇卫生院、城市社区卫生服务机构等基层医疗卫生事业单位也实施了绩效工资改革。这次义务教育学校和医药卫生机构实施绩效工资,也是深化事业单位收入分配制度改革的一项具体措施,将推动其他事业单位绩效工资落实的相继启动。有媒体称 2009 年这项被称为"绩效工资改革"的新政,拉开了我国事业单位改革的序幕。这项事关 4000 万事业职工切身利益的重大改革,因牵涉面广,涉及单位类型差异大,牵涉利益分配人数众多,成为当前事业单位改革中争议最大的敏感问题。也正因如此,两年来,一直在审慎推进当中。[11]

2011 年,事业单位改革被正式提上日程,在国务院研究部署的深化改革的四项重点工作中,分类推进事业单位改革是其中之一。3 月 23 日,中共中央国务院颁布了《关于分类推进事业单位改革的指导意见》,明确的提出"深化收入分配制度改革。以完善工资分配激励约束机制为核心,健全符合事业单位特点、体现岗位绩效和分级分类管理要求的工作人员收入分配制度。结合规范事业单位津贴补贴实施绩效工资,进一步做好义务教育学校、公共卫生与基层医疗卫生事业单位实施绩效工资工作;对其他事业单位按照分类指导、分步实施、因地制宜、稳慎推进的原则,实施绩效工资。各地区各部门要根据改革进程,探索对不同类型事业单位实行不同的绩效工资管理办法,分步实施到位,完善事业单位工资正常调整机制。"[7]这份文件的颁布,更加说明我国事业单位收入分配的改革已经迫在眉睫,亟待提高我国公共服务领域工作人员的工作积极性和公共服务质量。

从目前有关的政策颁布和实施情况来看,义务教育教师绩效工资的改革已经实施两年,实施的问题和效果均已初露端倪,为其他公共服务领域的绩效工资改革提供了大量的实践经验和借鉴。教育公平是最大的公平,促进教育公平的根本途径,是教育均衡发展,是学校师资力量的均衡配置。长期以来,我国中小学教师工资收入偏低、收入差距大导致的教师资源配置不平衡已成为不争的事实。经济发达地区与经济欠发达地区之间、城乡之间、名校与普通学校之间,教师的工资收入,尤其是福利待遇等方面还存在着很大的差距。即使在同一学校,教师的收入分配也存在不合理现象。例如,一般学校收入分配基本实行的是论资排辈的"大锅饭"制,很难体现多劳多得原则,使得很多教师在工作上缺乏积极性。如何充分调动广大教师的工作积极性,促进我国教育事业更快更好地发展已成为关系到国家整体素质提高的重要问题。而围绕着教师评价理论与方法争论的焦点问题:奖惩(绩效)性评价与发展(事业或职业)性评价,也成为各国教育当局所面临的共同课题。2008年国务院总理温家宝在国务院常务会议上指出,义务教育学校实施绩效工资,是贯彻落实义务教育法,深化事业单位收入分配制度改革的具体措施,对于吸引和鼓励各类优秀人才长期从教、终身从教,促进教育事业发展,具有重要意义。教育部也相继出台文件和措施,以保证此项政策的真正落实,并强调做好教师绩效考核工作是义务教育学校实施绩效工资政策的必然要求,绩效考核结果是绩效工资分配的主要依据。科学有效地实施教师绩效考核,是提高教师队伍整体素质、促进教师队伍科学发展的关键环节,是完善教师激励约束机制、努力构建充满生机与活力的教师人事制度的重要任务,对于加强教师队伍建设,充分调动广大教师的积极性、主动性和创造性,具有极其重要的导向作用。

此项政策的出台体现了国家重视教育和建设一流教师队伍的决心,受到了普遍的认可和欢迎。多数地市都已出台有关绩效工资改革的政策或实施办法,但绩效工资落实情况却相对滞后。如根据现行规定,教师绩效工资由基础性工资和奖励性工资两部分构成,基础性工资占绩效工资总量的70%,由各地人事部门审批,按月发放。奖励性工资占30%,将依据教师的德、能、勤、绩考核和各地收入水平等实际情况按年分次发放。但这一政策在各地推行时,由于受财政支持所限,落实的情况也有所不同[12]。不少地市义务教育学校教师的基础性工资已经落实到位,但奖励性工资如何发放仍然悬而未决。另外,绩效工资改革在实践中出现了一些亟待关注的问题。例如,某些地区出台的政策非但没有对教师产生工作激励,反而使无职务的教师工资"不升反降"[13];又如,有些教师认为绩效工资分配办法不合理,一线教师的收入少于干部,分配方案偏向领导。不仅引来多方评论,甚至有人称绩效工资为"官效工资"[14]。类似问题的讨论及网络上教师对绩效工资改革的热议中,绩效工资的具体实施困难和问题。如资金的来源与落实、考核指标体系的设计等已成为热点话题,尤其是绩效工资是否能真正起到激励作用更是令人关注。

综上所述,薪酬的确能对员工起到激励的作用,但正如实践经验所展示的那样,绩效工资政策的激励效果还需拭目以待,除了政策本身的内容设计会影响到激励的效果,政策实施的水平也会直接影响到激励水平的高低,更重要的是要考虑制度实施的环境因素[6]。Risher(2004)与"美国绩效体系保护委员会"(2006)都明确指出,有效地绩效工资政策实施需要一些前提条件:管理信任、有效的工作评价系统、清晰的绩效指标、持续的充分的资金,以及准确的绩效评价"[15]。由此可见,绩效工资的政策设计与实施、组织中的上下级关系、员工的工作性质等都会对激励效果产生影响。本研究聚焦于绩效工资政策背景下,以我国义务教育学校作为研究出发点,分析绩效工资政策对义务教育教师的激励效果与路径,对改善和提升公共服务人员的工作态度和服务质量具有丰富的现实意义。而且伴随着我国事业单位分类改革的持续深入和《事业单位岗位绩效工资政策》的陆续出台,也能为探讨事业单位人事制度改革及其研究提供方向。

1.2 理论背景

1.2.1 绩效工资研究的争议

从现有的文献来看,国内外学者将绩效工资视为一种外在动机并针对其与内在动机的关系之间开展了丰富的研究。动机是直接推动个体活动以达到一定目的的内部动力,是个人行为的源泉,是引起人们活动的直接原因[16]。就组织行为领域来看,如果个体参加一项活动或工作任务的目的是为了得到任务之外的某些结果如报酬奖励等,那么其行为就是由外部动机引发的;相反,如果个体行为主要由任务本身的某些特性引发并维持,那么其行为就是由内在动机所引发的[17]。20世纪70年代之前的动机行为研究倾向于将外部报酬奖赏视为一种促进动机的强化因素[18],但近二十年来在外部动机和内部动机的关系研究上仍存在大量争论。Deci等人在20世纪70年代的的实验研究认为外在动机会削弱内部动机,奖励会降低员工的自主感和内在动机;但随后的现场研究又进一步发现两种动机中的部分内容是可以共存的,外部动机对内在动机所产生的削弱或促进的影响是由外部动机的类型决定的[19]。到了90年代中期,Eisenberger等学者的元分析研究结果又发现外在动机对内部动机的任何削弱效果都能够避免,甚至可以促进个体的创造性行为[20,21]。

研究结果的分歧预示出绩效工资与动机关系的复杂性,由于公共服务的独特性,使得现有对私人部门动机的认识不能完全迁移到公共服务领域中[21],因此需要深入到公共服务人员的行为动机层面进行深入考察。作为动机理论延伸的前沿课题,公共服务动机近年来已在西方受到越来越多的关注。最初在美国学者、欧洲学者的研究中,公共服务动机采用的是"公共服务伦理"与"公共服务精神"等概念,伴随的是一个内在的心理过程,Perry把公共服务动机定义为"个人受主要或完全基于公共制度与组织的动机所驱使的倾向"[22]。Huston(2000)把公共服务动机理解为"更多追求内在报酬而非外在报酬"[23],都明确反映了公共服务动机是一种内在动机的特性。研究内容方面,由于内在动机与外在动机的关系一直是学者们研究的焦点,因此,基于公共部门与私人部门员工报酬偏好的比较首先成为研究公共服务动机的主要内容,大量学者在各自不同国家的背景下开展了广泛的实证研究以证实公共服务动机的存在,同时测量公共服务动机与报酬之间的关系也成为最早出现的对公共服务动机的测量途径,其中 Huston 等人通过公共部门员工与相应的私人部门员工的对比研究影响较大,他们发现"公共服务动机与内在报酬正相关,与外在报酬负相关"[23],进一步证明了公共服务动机的确存在,公共部门的员工和私人部门的员工受不同动机的驱使。

绩效工资政策的实施效果方面,尽管绩效工资因其以绩效定工资的原则受到广泛使用和支持,研究者们却发现其实际效果如在提高动机和生产力方面并不尽如人意[24-26]。一方面,绩效工资被证实可以提高员工的生产效率、努力程度和收入[27,28],提高员工收入水平和工资满意度[29],但另一方面有研究表明绩效工资导致了组织公民行为的减少[30],Campbell 认为绩效工资夸大了对绩效的影响,即使克服了制度实施中的问题,绩效工资本身的效果也是有限的[31]。而随着越来越多国家的公共部门开始实施绩效工资,其研究结果也同企业类似具有争议性。积极方面,Schay 发现绩效工资有效提高了美国某科研机构中的科研人员工作满意度,降低了他们的离职倾向[32]。Heneman 等以医务人员为样本的实证研究表明,即使在控制了工资水平、工资增长、绩效等级、工作资历、工作满意度等变量后,员工感知的绩效工资与工资提升满意度、工资水平满意度,以及整体工资满意度之间有显著的正相关[33]。Green 等通过实证研究表明,绩效工资的实施使得员工的总体满意度、工资满意度、工作满意度和工作时数满意度增加[34]。Huber 等以大学教师为样本的实证研究表明,个体对绩效工资的感知直接影响对工资的判断,进而影响工资满意度[35]。反之也有一些研究也显示绩效工资具有消极作用,如 Kellough 和 Nigro 研究了美国乔治亚州州政府中实施绩效工资的情况,结果发现绩效工资使员工工作满意度降低、离职倾向升高[36];Brown 在澳大利亚,Dowling 和 Richardson 在英国也发现了类似的消极作用,他们认为绩效工资产生积极作用还是消极作用,很可能与其执行的环境有关[37,38]。

我国学者对绩效工资激励研究以往聚焦于知识型员工,如杜旌通过对知识性员工的调查探讨了绩效工资及其公平性对员工态度与行为的影响[39]。面向公共服务人员的则以教师居多[40,41],2009年起颁布义务教育教育教师绩效工资政策后更是明显增多,如刘昕分析了我国义务教育学校教师的绩效工资政策产生的政策背景,在此基础上作出保证相关经费到位,确保绩效评价过程和分配方案公平公开的建议。苏君阳结合政策观察和教师访谈,列举了目前绩效工资政策实施中的五大问题。包括:财政不到位、教师面临功利化的伦理考量、绩效评价没有一个被广泛认同的标准、分配的公平、公正性受到质疑。胡耀宗等则认为,财政资金保障机制欠缺、绩效考核缺乏经验、政策断层是目前绩效工资政策亟待完善的部分。他建议加强政策之间的相关性、明确政府的财政责任、加强省级统筹[42]。同时还有较多论文进行国外情况的介绍[43,44]。总体而论,国内相关研究呈现出定性分析多、定量分析少,总结建议多、实证研究少的态势。

综上所述,国内外已有研究表明,虽然基于绩效评价的薪酬奖励能够对员工产生激励进而提高其工作绩效,但其前提是建立在一个基本假设的基础之上:员工基本上是受金钱刺激驱动的经济人[41]。西方过去40年来对公共部门和私人部门员工的比较研究一直表明公共服务领域的员工较之私人部门职员有不同的报酬取向,前者更多关注利他和理想目标,更少关注金钱报酬[45,46];Deci 和 Ryan 也在20世纪70年代就证实了薪酬奖励作为外在动机会削弱包括工作兴趣在内的内在动机[47]。国内学者也曾提出"'经济人'假设不适用于公共领域",并从哲理上分析了公共服务领域"公共人"的特性及其建构[48]。由此可见,对于公共服务的提供者实施以绩效工资政策,其激励作用和长远效果尚缺乏定论,而此种制度在中国公共事业单位的适用性更是亟待研究。

1.2.2 当前研究的启示与不足

当前的关于公共部门绩效工资理论与实证方面额研究为我们提供了一些有益的启示:首先,从研究内容来看,研究者越来越多的开始以多维度的视角来观察研究对象,研究中涉及的变量内容更加丰富,涵盖了从内在的心理到外部的管理诸多相关变量,对现实管理工作更具指导意义。其次,从理论框架上来看,研究者常以公平理论、社会交换理论、各种激励理论作为理论分析的基础。与此同时,虽然现有的关于公共部门绩效工资的研究在帮助我们理解绩效工资对员工心理与行为的影响上做出了一些贡献,但仍然存在很多问题需要解决。这些问题的存在限制了绩效工资在公共部门的有效利用,限制了公共部门利用绩效工资提高公共服务质量的效果与效率,也限制了激励理论在公共组织管理研究中的进一步发展。这些问题主要表现在以下几个方面:

(1)已有的研究中对绩效工资政策在整个政策过程中不同阶段的政策要素所发挥作用的研究不足。当前的研究简化了绩效工资政策对工作投入的影响关系,忽视了外部政策是通过不同层面政策要素在不同过程中一系列对个体心理的联动效应影响到个体工作态度及绩效的,缺乏对绩效工资政策过程中不同作用机制的深入挖掘,因此有必要结合政策理论和组织理论从更宽广的视角进一步开展相关研究。

(2)当前的研究在绩效工资对公共部门员工内在动机的影响结果上仍存在争议,未出现一致性的结果。心理学研究中 Deci 与 Eisenberger 等学者就外部激励与内在动机之间的关系一直存在讨论,目前较为认可的观点是在外部动机对内在动机所产生的削弱或促进的影响是由外部动机的类型决定的,外在动机对内部动机的任何削弱效果都能够避免。Moynihan 指出公共部门应慎用外部的激励手段,而应更多的依赖如目标设置与反馈的"内在动机"。事实上由于公共服务人员都拥有较强的内在动机,因此"市场模式有可能实际上降低了绩效"[49]。针对上述争议,进一步探讨绩效工资形式的外在动机对公共服务人员的内在动机尤其是公共服务动机的影响,将为我国公共服务领域人事制度的改革提供更为丰富的理论借鉴。

(3)以往关于绩效工资的研究多从经济性的社会交换角度进行分析,未考虑心理层面的社会交换关系的存在。在绩效工资政策的制定和实施过程中,已有研究多集中在员工对领导的信任、领导的公平性对绩效评估和工资分配的影响,较少从外部管理的角度探讨制度对上下级之间关系的影响,也就是领导成员交换质量的变化。在现实情景下,一般领导风格理论似乎只能从经验的角度,事后总结成功领导者的特征,对领导者的自身完善的指导性比较弱。领导—成员交换理论不是仅从领导或个体成员单方面出发,而是将领导与成员的二元互动关系作为研究对象。比较而言,领导—成员交换理论相对于传统领导理论更具有实证指导性。本文将依据一定的理论基础与实践背景,结合领导成员交换理论对绩效工资政策的影响展开研究,将获得对组织绩效管理更为深刻的认识。

(4)当前的关于绩效工资政策研究没有考虑到中国公共事业单位所面临的特殊的制度环境和工作性质,对于向中国这样具有不同文化特征和制度环境的新型市场经济国家中公共事业单位的绩效工资研究还很缺乏。制度环境在影响组织战略和行为中发挥了重要影响[50],而中国正处于一个不同于西方国家的转型制度的背景下,因而在研究公共部门管理中绩效工资政策所扮演的角色和作用时就应该考虑到中国当前的特殊制度背景。组织的工作性质由于对员工的工作动机也产生了一定的影响,因此在绩效工资的作用发挥过程中扮演了重要的角色,而近年来中国的绩效管理研究较多聚焦于企业,对于公共部门和公益事业则缺乏考察,这已经成为中国公共服务绩效改进和向服务性政府转型的一个威胁。因而,如何针对我国的实际情况,充分利用转型经济时期的制度、文化和组织特点来丰富绩效工资和管理的理论与实践,有待于作进一步的研究。

上述研究状况综合表明,尽管公共服务人员绩效工资的相关问题已经引起国内外学者的广泛关注,但将绩效工资政策、公共服务动机、领导成员交换、工作投入等纳入一个分析框架的整体研究尚未出现。诸多研究仅涉及绩效工资政策与工作态度的某个方面,将个体内在心理与外在组织管理割裂开来,无法探讨其间复杂的影响关系和作用路径,因而难以探索绩效工资政策的实际影响。此外,尽管学者们认识到了绩效工资政策的必要性和重要意义,但其负面效果如何产生及如何消除的问题却少有人关注。从研究方法上讲,大量研究仍然停留在理论探讨和个案研究,更有代表性的多案例研究乃至大样本统计分析还未发现,而关注实际并致力于指导管理实践的研究也不多见。另一方面,尽管企业和国外公共服务人员的研究起步较早、成果较多,但考虑到国情和管理情境的差异,需要重点考察其适用问题。因此,当前亟待推进从动机和社会交换的角度进一步整合相关理论,在一个整体的研究框架下研究绩效工资政策的前因后果,进而探讨高绩效公共服务人员激励机制的系统研究具有重要的理论意义。同时,目前我国公共部门和公益事业单位推出一系列政策实施绩效工资政策来激励工作人员并提高公共服务质量的迫切要求,更进一步说明了研究绩效工资政策与工作投入之间关系具有重要的实践意义。

1.3 研究问题的提出及意义

大量的研究和实践表明,绩效工资能否对员工产生激励的效果,主要取决于工资政策本身的合理性和政策实施的科学性两个方面[51]。从绩效工资政策的本质内容来看,其前提是员工基本上是受金钱刺激驱动的经济人,为了交换到更多的经济利益而产生工作的动机。而对于公共部门员工而言,作为公共服务的主要提供者,其追求目标、价值取向、管理对象,以及产出都与私人部门有很大不同[52],有学者指出公共部门员工更多关注利他和理想目标,更少关注金钱报酬[22],也就是说公共服务领域员工具有更多的公共服务动机。那么,以经济激励为主的绩效工资对公共服务领域员工工作动机的激励作用是否同其他私人部门员工相同仍有待进一步研究。从绩效工资政策实施过程来看,常会遇到诸如绩效评价者的主观性、评价过程的公平性、评价结果的准确性等问题[53-55],这些组织层面的管理问题都会直接降低激励的效果[56],而其中尤为关键的环节则是上级主管对员工工作的绩效评价[33],使得员工在获得经济报酬交换的同时也会对上级领导及其组织管理产生新的认识,即对领导成员交换质量有所影响,从而导致激励效果的不同。因此,对公共服务人员实施绩效工资政策,不仅应关注政策内容及其实施过程对员工内在动机方面的影响,也需从组织管理的角度考虑在交换过程中员工与上级关系的变化。

我国面向公共服务领域工作人员的绩效工资政策始于2009年年初对义务教育教师的正式实施,至今已有两年,成效初现但褒贬不一。因此,义务教育教师绩效工资政策究竟对教师产生了怎样的影响,影响的路径如何,以及如何进一步完善该制度以提高教师的工作热情和教学服务质量就成为理论界进一步研究的课题。本研究拟从公共服务动机和领导成员交换的角度,以我国义务教育教师为研究对象,了解教师对实施两年的绩效工资政策的内容与效果的感知,深入分析公共服务领域工作人员的职业特征和心理特点,探索其中相关心理变量之间的因果关系与路径,为寻求合理的管理途径提供理论依据。结合上述分析的实践与理论背景,本文拟展开的研究问题包括：

（1）2009年年底我国颁布义务教育教师绩效工资政策，其政策设计的主要考虑有哪些？政策实施中的关键因素是什么？政策的设计和实施分别对教师的工作投入产生了怎样的影响？国外公共服务领域员工的绩效工资政策研究与实践状况如何？

（2）绩效工资政策是否对教师的公共服务动机产生了特定的影响？公共服务动机与教师的工作投入之间的关系如何？在绩效工资政策对教师工作投入的影响过程中，公共服务动机发挥着怎样的作用？

（3）从组织管理的角度，教师在感知到收入变化的同时，对政策执行者特定行为的感知，以及相互的关系是否有所变化？绩效工资政策是否对教师的领导成员交换关系质量产生影响？这种变化是否进一步影响到教师的工作投入状态？

（4）现行的公共部门绩效工资政策对教师的激励作用究竟如何？如何完善公共服务领域员工绩效工资政策设计及其实施？

上述问题如能得到解决，将为促进员工的工作积极性，公共服务事业单位更好地实施绩效管理提供理论参考和现实依据，并且有助于寻找促进公共服务朝优质高效的方向发展、从而改进公共服务质量的操作化途径。从学术价值上看，对上述问题的研究将填补国内公共服务领域员工绩效影响因素等研究领域的空缺，也是对建构有中国特色的公共组织理论的积极探索。同时，该项目的研究涉及公共管理学、公共经济学、组织行为学与心理学等多学科门类，将融合多种测量技术与工具对外部制度与内在心理等多方面内容进行实证研究，深入探讨公共服务领域工作人员的职业特征和心理特点，为寻求合理的管理途径提供理论依据。本项目在此基础上产生的若干创新性成果，也对于我国公共部门人力资源的管理理念、激励机制的完善具有重要意义。

1.4 研究方法

本研究采用了理论分析与调查研究相结合的方法,具体包括:文献探讨与理论分析、个案研究与深度访谈、问卷调查和统计分析等。

(1) 文献探讨与理论分析相结合的方法。通过对国内外大量研究文献的查阅、筛选和归纳,了解相关研究的最新进展和动向、研究方法与工具、研究成果与不足,进一步提炼本文的研究问题,构建整体的研究分析框架。在此基础上,结合我国绩效工资在公共管理领域的应用实践,对各变量之间的关系进行深入探讨以提出本文初步的研究假设。

(2) 个案研究与深度访谈相结合的方法。本文的研究问题是针对我国绩效工资应用实践提出的,因此必须是建立在对现实充分了解和分析的基础上的。除了详细分析和消化吸收相关理论和国内外研究成果,本研究还选择典型案例进行分析和深度访谈,其目的在于修正理论框架和研究假设,从实际观点确立研究变量和构架的可能性,充分反映绩效工资政策对个体心理和行为产生影响的内在过程和机理,以奠定实证研究的基础。

(3) 问卷调查与统计分析相结合的方法。在定量分析方面,论文在参考国外相关测量工具的基础上集合我国实际设计了问卷,以我国义务教育学校为目标,以随机抽样的方式选取合适的样本,现场收集检验假设所需要的各种数据,并采用多元回归方程对论文提出的模型和假设进行验证,使研究结论更具有科学性和准确性。

1.5 研究框架与主要内容

针对主要研究内容,本研究将按照理论构建、实证分析和结果探讨等几个方面展开,共分七章,论文结构安排如下:

第一章,绪论。主要阐述研究的理论背景和实践背景,分析公共服务领域绩效工资与工作人员工作态度的研究现状及存在的问题,进而归纳出本文的研究问题、内容和研究思路,给出了本研究拟采用的研究方法,构建了论文的总体研究框架。

第二章,理论基础与研究综述。首先,对本研究涉及的相关理论进行介绍和分析,主要包括动机理论、公共选择理论和社会交换理论;其次,对绩效工资政策、公共服务动机、领导成员交换和工作投入等概念进行了界定,通过对相关的研究和文献进行综述,分析其内涵、测量方式和研究趋势,在此基础上引出本文的研究框架。

第三章,概念模型构建与假设提出。在理论综述和案例分析的基础上,分析绩效工资政策的特点和影响机制,与公共服务动机、领导成员交换以及工作投入各变量之间的关系,在此基础上构建本文的概念模型并提出假设。

第四章,研究方法。对本文实证分析的数据来源与收集过程、方法选择与因素度量进行说明,并对收集数据的样本特征进行描述,同时还对研究所采用的假设检验方法进行概括和说明。

第五章,实证分析。本章主要对绩效工资政策、公共服务动机、领导成员交换和工作投入的概念模型及研究假设进行验证,分别对自变量的主效应和中介效应进行检验,对假设的通过情况进行说明,并探讨了该研究中各个变量之间的关系。

第六章,结果讨论。本章主要对前文分析得出的假设验证结果进行讨论,并探讨了该研究中的理论贡献和实践意义。

第七章,结论与展望。本章对主要工作及贡献进行检验回顾,归纳了本研究的创新点,说明了本研究的不足和未来研究的展望。

论文的结构安排与技术路线如图 1-1 所示。

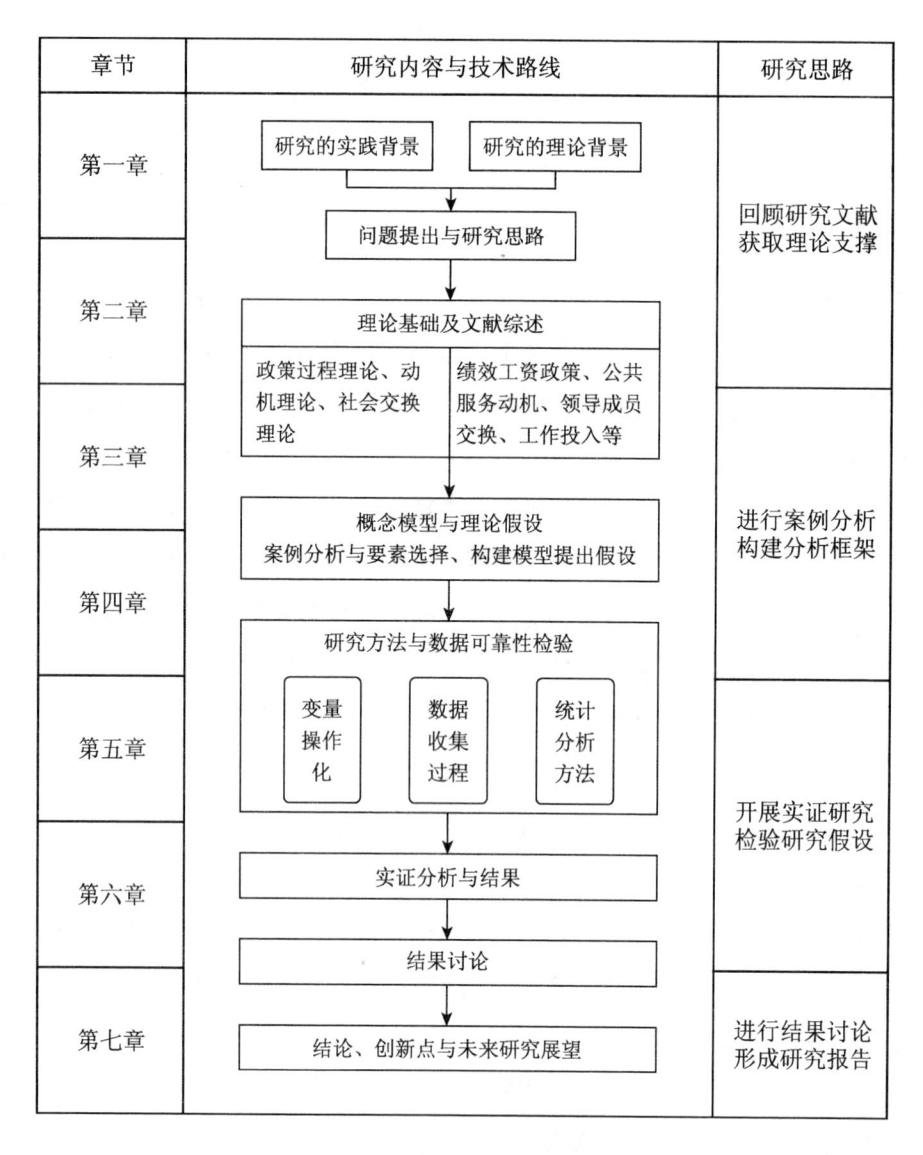

章节	研究内容与技术路线	研究思路
第一章	研究的实践背景 　 研究的理论背景 ↓ 问题提出与研究思路	回顾研究文献 获取理论支撑
第二章	理论基础及文献综述 政策过程理论、动机理论、社会交换理论 ／ 绩效工资政策、公共服务动机、领导成员交换、工作投入等	
第三章	概念模型与理论假设 案例分析与要素选择、构建模型提出假设	进行案例分析 构建分析框架
第四章		
第五章	研究方法与数据可靠性检验 变量操作化　数据收集过程　统计分析方法	开展实证研究 检验研究假设
第六章	实证分析与结果 ↓ 结果讨论	
第七章	结论、创新点与未来研究展望	进行结果讨论 形成研究报告

图1-1　研究内容与技术路线图

2 理论基础与研究综述

2.1 理论基础

2.1.1 政策过程理论

政策过程理论是政策研究领域影响最为广泛的理论,作为一种中层理论或称为中观理论,在整个政策科学中占有着重要地位。该理论于20世纪七八十年代风靡整个公共政策领域,其重要的研究成果主要体现在议程设定、政策型构与合法化、政策执行和评估等阶段。所谓政策过程理论,就是指政策研究者基于一定的经验事实,在一定的理论和分析方法的指导下,通过某个或多个维度对政策的逻辑过程或过程中的各要素及各要素之间的关系进行分析和研究,形成的一组本质上相互联系的概念或命题,以及一个逻辑结构严整的框架体系[57]。在正常运行的现代社会中不应该有突如其来的政策,也不应该存在不被实施或无法实施的政策。而一个实施了的政策又不可能不引起政策关涉各方的反应和评价。所以,政策的制定、实施和评价等政策步骤或政策阶段组成了一个连续的整体。舍弃其中的任何一个步骤或阶段,政策都因失去了其完整性而不成其为现代意义上的政策[58]。

政策过程是非常复杂的,其具体表现很多,一是它涉及有无数的行为者,包括大小不一的利益集团,不同层次的政府机构、立法机构,还涉及到某个阶段的形形色色的研究者和新闻记者,更涉及社会的方方面面。这些行动者都有不同的价值或者利益,对同一情形有不同的看法,还有不同的政策偏好。二是表现在政策过程往往有较长的时间跨度。很多即使是不经意制定的政策,其影响往往极其深远。

从研究角度来看,如果要理解长期的政策过程,理解各种各样的社会经济条件对政策的影响,以及政策对社会经济的长期影响,并积累有关特定政策问题的科学知识,20-40年的时间跨度是必要的。除非是进行当前即时性的政策研究,一般都需要较长的时间跨度。而且即便短期性的对策研究,如果要提高质量和可靠性,也需要有长期的分析为基础。三是政策过程往往充满政治因素,在价值、利益、资金的数量、强制程度等方面都有很多分歧。而且政策辩论往往充满火药味,不礼貌,对证据有选择性,有意误述对手的立场,强制或者贬损对手,以使自己获得优势。这在任何国家任何具体政策过程中都是常见的。政策过程研究必须给其以充分的关注。政策过程是复杂的,人类的思维能力是简单的。分析家为了理解复杂的政策过程,必须把复杂的情景简化。由于种种原因,政策理论虽然已经开发了不少,但迄今为止,成功的公共政策理论却并不多。其原因就是公共政策离现实太近,游离于抽象的理论往往脱离实际,而接近了实际,理论水平又不够。

政策过程理论作为政策科学的重要组成部分,它的发展一样经历了几个阶段,比如对政策过程研究的重点,就经历了从前期阶段(政策制定)的研究转移到政策过程的后期阶段及政策的执行、评估和终结的研究,最终又转移到政策过程宏观理论的研究这样一个过程[57]。美国政策学家保罗·萨巴蒂(Paul Sabatier)找到了7种比较成熟的理论:阶段启发理论(The stages Heuristic)、制度理性选择理论(Institutional rational choice)、多流框架(The Multiple - Streams Framework)、中断 - 均衡框架(Punctuated - Equilibrium Framework)、倡导联盟框架(The Advocacy Coalition Framework)、政策扩散框架(Policy Diffusion Framework),以及较大数量的比较研究框架(Frameworks in Large - N Comparative Studies)[59]。

上述理论中,拉斯韦尔(Lasswell)提出的"阶段启发法"从一开始就主导着政策过程理论,人们甚至将二者等同。拉斯韦尔把注意力特别集中于"政策过程",或者是某个给定政府政策(或项目)在其整个"政策生命"(policy life)中将经历的功能性的时期或阶段。他特别强调他所定义的"政策过程的知识",以及"政策过程中的知识",而且还构建了一个"概念图系"(conceptual map)以便指导人们在总体上了解任何集体行动的主要阶段[60],并且命名了他随后称作的"决策过程"(the decision process)的七个阶段:情报、提议、规定、合法化、应用、终止和评估[61]。学者们普遍认为,拉斯韦尔对政策过程的分析主要关注的是政府内部的决策过程,而没有考虑外部环境对政府行为的影响;同时拉斯韦尔把政策评估放在政策运用之后,也与现实不符,因为不仅在政策执行之后进行政策评估,而且在政策执行之前也可能进行。但是,这个模型对于政策科学的发展影响很大,它通过把每个阶段独立起来,减少了公共政策研究的复杂性,从而为以后的政策研究者开辟了一条道路[59]。Peter DeLeon分析了政策过程阶段论的贡献,他认为政策过程阶段论是一个更具概念化倾向的模型,而不是针对某个具体的政策领域的,因此它可以用于各个不同的政策领域;其次,这一范式"有助于政策科学从一个纯学术的方向走向一个更具判断性的艺术、行业。"[62]因为把一个政策周期区分为若干阶段的思想意味着不同的概念、途径和方法适用于不同的政策阶段,这需要人们判断的艺术。Howlett和Ramesh认为,政策过程阶段的最重要的贡献在于"它方便了对公共政策制定的理解。"[63]它把复杂的政策过程分解为若干个阶段、次阶段,从而使人们可以对各个阶段单独地或者根据它们与其他阶段、整个过程的关系来进行研究,大量的经验研究和比较研究的积累又为理论的建构提供了基础。综合上述学者的观点,我们认为政策过程阶段论的贡献在于:它不仅为人们理解复杂的政策过程提供了一个简化的模型;还把复杂、抽象的政策过程分解为若干简单具体的阶段,为开展大量的经验研究、比较研究提供了可能性,从而了丰富政策科学知识体系,为进一步理论建构打下基础。

政策科学在我国20世纪90年代才真正开始兴起,而政策过程理论方面的研究则更加滞后。目前国内学者普遍采用的分析方法是政策过程的阶段论,例如陈庆云提出的公共政策分析的基本框架包括公共政策问题的构建、公共政策方案的制定与通过、公共政策内容的实施,以及公共政策效果的评价[64];张国庆把政策过程分为政策问题的形成(包括公共政策问题的认定、创立政策议程、形成政策决定)、政策规划、政策执行与政策评估(包含政策终结)[65];张金马把政策过程分为:政策问题的确认、政策规划、政策合法化与政策采纳、政策执行、政策评估、政策终结六个阶段[66];陈振明则把一个政策周期分为政策制定、政策执行、政策评估、政策监控与政策终结五个阶段[67],这一划分方法是当前国内政策过程划分较为主流的观点。总体而言,西方学者注重政策制定或决策之前的问题形成和意见讨论,注重价值取向,强调公共政策的合法化,对政策执行过程描述较简要,而对评估、修正和终结给予了充分的关注。国内学者对"问题"和"建议"的重视程度不够,对政策过程的描述给予的是平均关注,重点不是很突出。

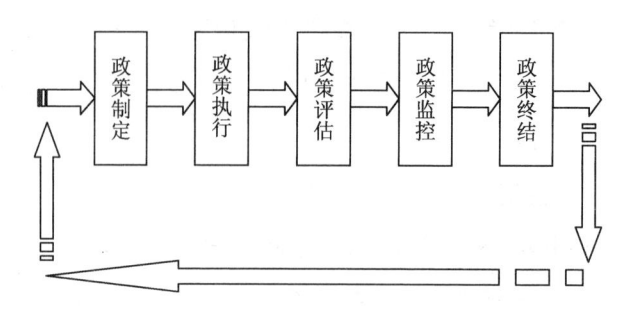

图 2-1 政策过程模型(陈振明《公共政策分析》)

从组织行为的角度看,一项政策方案的产出过程即是政策过程,围绕着公共事务中的利益关系状况,政府组织成员的个人决策整合成为指导集体行动的公共政策。在这一整合过程中,出于利益,以及制度等因素的考虑,政府组织成员的个人决策行为将会发生直接或间接的互动性影响,这就是公共决策过程中的博弈活动[68]。政策执行过程是一个多重因素相互影响的博弈过程,各种利益集团的价值存在,会促使其影响政策过程。而政策执行过程是最容易改变政策结果的一个阶段。在政策制定者和执行者之间存在着一个利益过滤机制,执行人员对政策的执行往往会以局部利益或个人利益的损益值作为参量,利大快执行,利小慢执行,无利或利小就不执行甚至抵制执行,一旦政策执行人员按自己的利益要求行事,政策执行就会偏离政策目标[69],最终会损害政策制度本身应有的公正。政府政策制定并实施以后,由于社会利益关系的客观存在,各政策利益相关者总是通过积极或消极措施去影响政策执行方向,社会利益关系的多样化就决定了这种利益影响的多元化,而这种利益相关者在政策执行过程中的多元化利益,常常削弱整个政策制度的公正,这就使得该项政策很难顺利有效地得到执行。美国公共政策学者尤金.巴达克将政策执行过程视为一种赛局,在冲突和竞争的情况下,每一参加者都寻求得到最大的收获,并且将损失减少到最低限度[70]。而政策的成功与失败,取决于各方参加者的博弈选择,当这种博弈处于负值时,即利益相关者博弈失败,公共利益获胜,政策趋向大多数人的制度公正;当这种博弈处于正值时,即利益相关者博弈成功,公共利益受损,政策最终背离政策制定应有之制度公正。其次,在政策具体落实执行过程中,可能产生的政策导向偏离或完全背离了政策本身原有的政策目标,也会导致政策走样和有违社会公共政策利益的潜在政策后果,最终损害政策应有之制度公正[71]。因此,在政策过程中,执行过程中的公正公平是影响政策效果的最关键因素之一。

综上,可以看出随着近些年政策过程理论的迅速发展,无论是理论上还是方法上都从由单一走向多元,注意与其他多学科、多视角、多样化的研究相结合,而不是仅仅局限于一个视角。政策的设计不等于政策现实,现实中,政策的产生、实施、影响是一个动态的、不确定的过程,在这一过程中,政策会产生改变;我们应该更多地关注它是如何实施的,也就是政策过程。我国政策过程理论的研究与政治理论的许多其他领域的研究一样,研究者往往做的更多的是一些严肃认真的或主观随想式的因果关系分析,而对其所做的变量分析或量化分析是较少的、浅层次的。因此今后在进行政策研究特别是构建政策过程理论、模型和框架当中,将会更多地引入变量分析或量化分析,不仅应考虑政策过程的完整性和联系性,而且还应该将政策过程中涉及的价值观如公正性等因素考虑进去,进而发展出基于中国经验事实的理论框架。

2.1.2 动机理论

动机是指社会组织或者个体为实现其目标和满足其需求的愿望,是驱使人从事各种活动的内部原因[72]。动机有外部动机和内部动机之分,外部动机指的是个体在外界的要求或压力的作用下所产生的动机,内部动机则是指由个体的内在需要所引起的动机。动机理论是组织行为学领域研究最多的一个课题,是行为科学管理理论的重要组成部分,主要研究如何提高人的动机水平、提高工作积极性、激励人的潜能[73]。管理研究的主体是人,对象也是人,因而如何启发人的自觉性、调动人的积极性、激发人的创造性,如何提高管理的效果,也是管理研究中的重要问题。一般而言,组织心理学家们将动机理论分为两大类:内容型理论(content theories)和过程性理论(process theories)。内容型理论则是强调影响动机的各种具体变量,如奖赏等,需要理论和动机理论都是内容型理论,而公平理论和期望理论都属于过程性理论,是对指导动机行为的认知步骤提供一般性的解释[74]。

(1)内容型动机理论

内容型动机理论,实质上都是关于人性论的引申。主要包括三种:马斯洛的需求层次理论、麦格雷戈的 X 理论和 Y 理论,以及赫茨伯格的双因素理论。马斯洛的需求层次理论(Hierarchy of needs theory)主要集中在内部动机即由基本需要引起的动机上,是一种强调人性积极向上的动机理论[75]。该理论认为不同的人有不同的需求,人的需求分为意动需求、求知需求和审美需求。其中的意动需求按照重要性和发生的先后次序分为五个层次,即生理上的需求、安全上的需求、情感与归属的需求、尊重的需求、自我实现的需求。这五种需求像阶梯一样一次从低到高,按层次逐级递升。一般说来生理、安全和情感上的需求属于低一级的需要,通过外部条件就可以满足。而尊重和自我实现的需求是高级需要,需要通过内部因素才能满足,而且这种需要是无止境的。只有在最基本的需求满足到维持生存所必需的程度后,其他的需求才能成为新的激励因素,而到了此时,这些相对满足的需求也就不再成为激励因素了。求职需求和审美需求未被列入到这个五层次的需求层次排列中,他认为这两种需求应居于尊重需求与自我实现需求之间。从动机角度看,这个理论认为,虽然没有一种需要能够得到完全、彻底的满足,但只要它大体上获得满足时,由此而产生的动机就会消失,就不再具有激励作用了。需要层次越高,自私的成分就越少,高级需要的追求和满足具有有益于公众和社会的效果。马斯洛的需求层次理论,从人的需要出发探索人的激励和研究人的行为,抓住了问题的关键,在一定程度上反映了人类行为和心理活动的共同规律。因此,需要层次理论对管理者如何有效的调动人的积极性有启发作用。但是,需求层次理论也具有一定的局限性,例如需求满足的标准和程度是模糊的,另外从心理的的角度来看,人们行为除了受人现实需求、欲望、愿望影响外,还受人们的信念及其信心的影响,所以说需求并不是决定人们行为动机的唯一因素[75,76]。尽管如此,马斯洛的需求层次理论对其他的动机理论产生了巨大影响,如麦格雷戈(Douglas McGregor)1960 年提出的 X 理论(Theory X)和 Y 理论(Theory Y),都可以在马斯洛的需求层次理论中阐释。

X 理论就是假定较低级的需要决定着个体行为,Y 理论假定较高级的需要决定着个体的行为。双因素理论是由心理学家赫茨伯格(Frederck Herzberg)提出来的,又称为激励-保健理论(Motivation Hygiene Theory)[77]。该理论认为,导致人们满意的因素多来自于工作任务本身,如工作内容、性质,工作成就及别人对其工作的认可等;导致人们不满意的因素则主要来自于外部工作环境,如政策、管理、薪金水平、人际关系和工作条件。满意因素和不满意因素都反应了人们在工作中的需求,都是质量越高或数量越多越好,但不满因素与环境有关,作用是预防出现不满,因此称为"保健因素"。而满意因素可以激发人们在工作中努力进取、实现成就的干劲,所以被称为"激励因素"。双因素理论促使管理人员注意工作内容方面因素的重要性,特别是它们同工作丰富化和工作满足的关系,因此是有积极意义的。同时,该理论还启示管理者:满足各种需要所引起的激励深度和效果是不一样的。物质需求的满足是必要的,没有它会导致不满,但是即使获得满足,它的作用往往是很有限的、不能持久的。要调动人的积极性,不仅要注意物质利益和工作条件等外部因素,更重要的是要注意工作的安排,量才录用,各得其所,注意对人进行精神鼓励,给予表扬和认可,注意给人以成长、发展、晋升的机会。随着温饱问题的解决,这种内在激励的重要性越来越明显[77,78]。

上述内容型理论主要运用认知过程来揭示人类的行为,而近代动机理论所关注的则是可以看得见的行为,主要包括麦克利兰的成就需要理论、洛克的目标设置理论、亚当斯的公平理论和弗鲁姆的期望理论等。其中,弗鲁姆(Victor Vroom)的期望理论(Expectancy theory)和亚当斯(Adams)的公平理论(Equity Theory)是有关员工激励方面最广为接受的一种解释。

(2)过程型动机理论

1)期望理论

期望理论(Expectancy Theory)是北美著名心理学家和行为科学家弗鲁姆(Victor. H. Vroom)1964年在《工作与激励》中提出来的。该理论认为,个体对行为结果的价值评估和预期该结果实现的可能性决定了其进行某项行为的动力大小。也就是说,动机(M)的大小取决于某种行为所能实现并能产生某种结果的全预期价值(V)乘以个体认为达成该目标并得到某种结果的预期概率(E)。用公式表示就是:$M = \Sigma V \times E$。这是一个心理学概念,表明达到目标对于满足他个人需要的价值大小。同一目标,由于各个人所处的环境不同,需求不同,目标的价值也就不同;经过后来的发展,这个公式添加了一个新的标量 I,是工具性的表示,指个体对于自己表现好就能获得回报的信念。新公式为:$M = \Sigma E \times I \times V$,它说明个体越是怀有只要努力就能达到高绩效的信念,高绩效能得到相应的奖赏,同时认可这种奖赏的高价值,那么他的动机就会越强烈[79,80]。

期望理论以三个因素反应需要与目标的关系,要激励员工就必须让其明确:一是工作能提供给他们真正需要的东西;二是他们需要的东西和绩效联系在一起;三是只要努力工作就能提高绩效。这种需要和目标之间的关系过程表明,个人的努力决定了他的成绩,也就是绩效表现,而其绩效会影响到组织给予他的报酬和奖励,这些报酬应对的是个人的需要,看是否达到其预期。如果现实小于预期,在正强化的情况下便会产生挫折感,而在负强化的情况下,由于人们已经做了最坏的打算,而现实小于预期说明结果比预想的结果要好,就会产生激发力量,有利于调动其积极性。如果现实等于预期,在一定程度上也会有积极作用,可是之后如果没有继续给予鼓励,积极性就只会维持在期望值的水平上。如果现实大于预期,在正强化的情况下,可提高积极性,而在负强化的情况下会使人产生挫败感[81]。

2)公平理论

公平研究又称社会比较理论,由美国心理学家亚当斯(John Stacey Adams)于1965年提出,它的基础是认知失调理论和社会交换理论。该理论认为,人的工作积极性与个人实际报酬多少有关,更与人们对报酬分配的公平感密切相关。个体总会有意无意地把自己所付出的代价及所得报酬与他人进行比较,然后判断是否公平。这个做出判断、反应的过程叫做分配公平[82]。亚当斯将雇佣关系描述为一种交换关系,在这个关系中,员工贡献投入并获得相应回报。人们在知觉一个结果是否公平时,首先会计算自己的回报与他们的投入之间的比率,然后把自己的这个比率同他人的比率进行比较,从而得出是否公平的结论。当员工发现自己的收支比率与他人的相等或现在的收支比率与过去的相等时,便认为这是合理的、公平的,因而达成心理平衡,工作积极性高;当员工发现自己的收支比率与他人的不相等或现在的收支比率与过去的不相等时,便会心理失衡,产生不公平感。这个过程可用图2-2的模型表示。Thibaut和Walker在1975年首次提出程序公平,强调的是在资源分配过程中所使用的程序、过程的公平性,大大拓展了公平研究的内涵[83],之后Greenberg又提出互动公平、人际公平等纬度,使公平研究更加系统全面[84]。国外研究已表明,绩效评价公平性会影响到个体的组织承诺[85]、管理信任、绩效改进与离职倾向[86],以及组织公民行为[87]等员工的态度与行为,其中程序公平的研究最为显著。

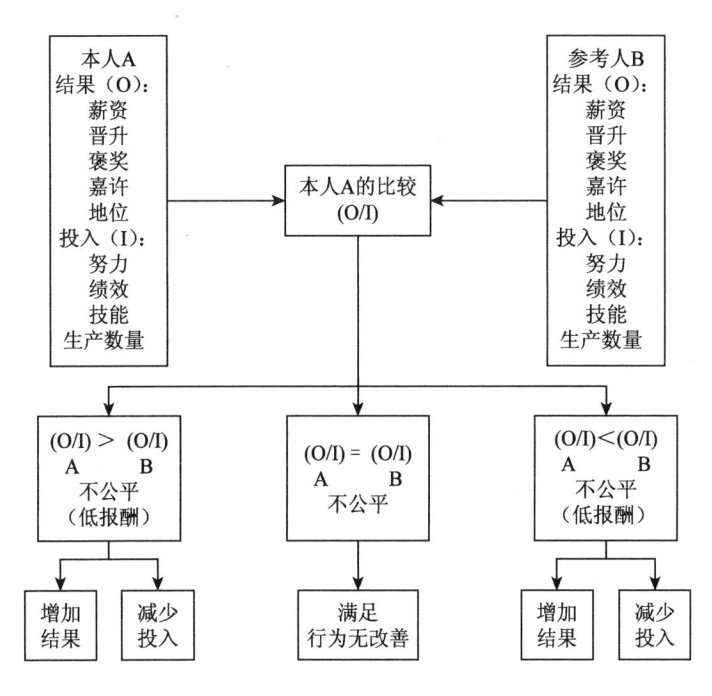

图2-2 公平过程模型(张润书:《组织行为与管理》[88])

综上,虽然动机理论包含的范围和内容纷繁复杂,但从当代组织行为学的角度来看,这些动机理论的核心都是解决如何有效激励的问题,相互之间并不矛盾并且可以相互补充,因此需要一种系统的和辩证的观点来将这些理论更好地整合在一起,才能真正发挥激励的作用。一般来说,动机始终是一种内部状态,转化为行为需要三个关键因素的引导,即努力、激励和需要。不管是个体的动机还是社会组织动机,都是动态的或者适应性的,即它会因"事"、因"时"、因"地"、因动机产生者自身的变化而发生变化,与动机相关的努力程度、激励的措施和效果、需要的层次和范围、组织目标的吸引力和它覆盖的范围大小及时间长短等也会因此而发生变化。即使动机理论受文化等因素的影响,但从上述理论中依旧能够梳理出在不同领域、不同文化背景下都具有一定适用性的共性内容:首先,人都有着个体差异和不同的需求,因此在制定激励目标时要因人而异,在了解对象特点的基础上,使目标更符合他们的期望从而提高对目标的认可和承诺,激发其内在动机;其次,辩证地看待绩效与奖励的关系。人总是希望取得成绩后能够得到奖励,这种奖励既包括物质上的,也包括精神上的。如果他认为取得绩效后能得到合理的奖励,就可能产生工作热情,否则就可能没有积极性。然而由于人们在年龄、性别、资历、社会地位和经济条件等方面都存在着差异,他们对各种需要要求得到满足的程度就不同。因此对于不同的人,采用同一种奖励办法能满足的需要程度不同,激发出的工作动力也就不同。再次,要注重激励的公平性,影响激励效果的不仅有报酬的绝对值,还有报酬的相对值,这不仅涉及到最终结果的公平,更涉及到过程的公平。同时还要注重对被激励者进行公平心理的引导,使其树立正确的公平观,认识到绝对的公平是不存在的,不要盲目攀比。

2.1.3 社会交换理论

社会交换理论(Social Exchange Theory)是20世纪60年代,兴起于美国进而在全球范围内广泛传播的一种社会学理论。该理论最早由霍斯曼(Hosman)建立,后期布劳(Blau),埃默森(Emoson)等学者又进一步进行了丰富和发展。霍斯曼认为社会学中所研究的制度、组织以及社会都可以分析成人的行动,利己主义、趋利避害是人类行为的基本原则,因此,人与人之间的互动基本上是一种交换过程,这种交换包括情感、报酬、资源、公正性等,人类的一切行为都受到某种能够带来奖励和报酬的交换活动的支配,因此,人类一切社会活动都可以归结为一种交换,人们在社会交换中所结成的社会关系也是一种交换关系。由于其对人类行为中心理因素的强调,故也被称为一种行为主义社会心理学理论。霍曼斯的社会交换理论包括以下六个命题:①成功命题:在一个人所做过的所有行动中,若其中某一特定行动经常得到酬赏,那么这个人就越愿意重复该行动。②刺激命题:如果一个人在过去对某一种或一组刺激做出的某一行动获得了报酬,那么,当类似于过去的那种刺激再发生时,这个人就有可能做出与过去相同或类似的行动。③价值命题:如果某种行动带来的结果对一个人越有价值,则这个人就越有可能做出该种行动。④剥夺——满足命题:某人在近期越是经常得到某一特定酬赏,则随后而来的同样酬赏对他的价值也就越低。⑤侵犯——赞同命题:这一命题包括两个副命题:第一,若以个人之行动没有得到预期酬赏或甚至受到没有预期的惩罚时,此人会被激怒并可能采取侵犯行为;第二,若一个人的行动获得了预期的酬赏或得到的酬赏比预期的还多,或此人的行动没得到预期的惩罚,则这个人会产生喜悦的心情,并可能做出别人赞同的行动。⑥理性命题:在面对各种行动方案时,行动者总是选择价值最大和获得成功的概率最高的行动[89]。

与霍斯曼强调心理基础不同,布劳更加关注会交换过程中宏观社会结构整体效应分析。他在讨论社会交换的形式之前,区分了两种社会报酬:内在性报酬和外在性报酬。"内在性报酬,即从社会交往关系本身中取得的报酬,如乐趣、社会赞同、爱、感激等;外在性报酬。即在社会交往关系之外取得的报酬。如金钱,商品、邀请、帮助、服从等。"他把社会交换分为三种形式:①内在性报酬的社会交换。参加这种交换的行动者把交往过程本身作为目的。②外在性报酬的社会交换。这种交换的行动者把交往过程看作是实现更远目标的手段。外在性报酬对一个人合理选择伙伴,提供了客观而独立的标准。③混合性的社会交换。这种交换既具有内在报酬性,也具有外在报酬性[90]。

布劳认识到霍曼斯式理论只适合于解释小群体内成员面对面的互动。而在布劳看来,面对面互动的小群体内的交换与大型和复杂社会群体内的交换是不同的。于是,布劳在霍曼斯理论的基础上分析了大型复杂组织中的交换与权力。在大型复杂组织中普遍存在着权力分,权力既可以是合法化的(权威),也可以是强制性的。在这种权力分层体系中,只有当这种关系无论是对下层成员还是对上层成员都有好处时才是交换关系。但实际上,这种对等关系可以被强制性的权力所取代,地位较低的成员只能取得较少的报酬。强制性的权力关系是一种不平等的交换关系,这种关系是用消极的惩罚手段来维持的[91]。这种复杂群体内的分层体系一旦建立,它就是用权力关系而不是用社会交换来维持的。

综上，社会交换理论以功利主义经济学和行为主义心理学为基础，不仅可从微观层面的人与人的心理动机进行研究，也可从宏观社会体制、社会结构以及抽象的社会角色等角度开展研究，进而衍生出其他重要理论，其中公平理论就是在此基础上发展出的一个重要分支，研究的是人际关系中的公平性问题[84]。社会交换理论指出当人们觉得所在的社会关系很公平时，个体才能体验出最大的满足感，即个体更关注的是相对的比较而非绝对值，个体不希望被他人利用，也不希望去占他人的便宜。社会交换研究为有关工作态度和工作行为的概念提供了一个基础，由于它不同于经济交换活动中的特殊利益或者物品，社会交换中所呈现的是彼此的支持或者双方关系的建立或破裂、巩固。社会交换以衡量酬赏与成本为基础，以互惠为交换的基本原则[92]。在组织行为的研究中，社会交换理论为进一步阐释领导与组织成员的关系提供了充分的理论依据。组织在对其成员进行绩效评价和经济奖励的过程中形成组织成员对公平的感知，进而产生对领导者及其权利的认同或抵触，最终导致组织成员因与领导交换质量的高低表现出不同的工作态度和行为。

2.2 绩效工资政策

2.2.1 绩效工资政策的发展历程

绩效工资在英文中的表述较为丰富，常见的有"Pay for Performance""Performance related Pay"和"Merit pay"等，这些丰富的使用从另一个层面反映了绩效工资类型的多样化。最早的绩效工资雏形是弗雷德里克·泰罗在19世纪晚期推广使用的"计件工资"(piece-rate pay)，主要应用于制造业以反映收入和生产量之间的关系，之后逐渐推广到其他各类企业并于20世纪70年代发展为基于员工的年度绩效评价而与工资挂钩的业绩工资制(merit pay)，主要形式上有将增长的部分收入直接纳入员工基本工资(added to base)故形成工资不断上涨的态势，还有年终一次性支付但不进入基本工资基数的奖金制度(lump-sum bonus)。根据美国1991年《财富》杂志对500家公司的排名,35%的企业实行了以绩效为基础的工资制度,而在10年以前,仅有7%的企业实行这种办法。由于绩效工资政策在企业中的广泛应用,以及新公共管理运动倡导的企业管理导向,绩效工资政策也被引进了政府的公务员管理中。1978年美国政府将绩效工资纳入公务员改革法案(Civil Service Reform Act, CSRA),以此进行联邦政府公务员收入的改革。然而此项制度于1981年才开始正式生效且结果并不尽如人意,1984年美国又通过绩效管理与认知系统(PMRS)以解决存在问题,之后各方对该制度在公共部门的使用依旧褒贬不一,2002年由于布什总统在创建美国国土安全部(DHS)时再次提出将绩效工资作为人力资源政策改革的主要内容,使得近年来该制度逐渐成为公共部门薪酬管理的主流工具。美国的实践也带动了其他发达国家的争相效仿,经济合作与发展组织(OECD)报道已有2/3的成员国正在实施或打算实施绩效工资政策[93]。

2.2.2 绩效工资的概念与测量

虽然绩效工资的前身是计件工资,但它绝不是简单意义上的收入与产品数量挂钩的薪酬形式,而是建立在科学的工资标准和考核管理程序基础上的工资体系。绩效工资政策的基本特征是将雇员的收入与个人绩效挂钩。绩效是一个综合的概念,比产品的数量和质量内涵更为宽泛,它不仅包括产品数量和质量,还包括雇员对组织的其他贡献。组织支付给员工的绩效工资虽然也包括基本工资、奖金和福利等几项主要内容,但各自之间不是独立的,而是有机的结合在一起。因此,绩效工资是指根据每个员工的工作表现重新分配工资后增长的那部分薪酬[33]。依据社会交换理论,绩效工资实际上就是员工以自己所拥有的某种"资源"作为"代价",从其他行动者那里换取经济"报酬"的社会互动过程[94]。而绩效工资政策,则是指是各类组织为了维护正常的工作、劳动、学习、生活的秩序,保证国家绩效工资的顺利执行和各项工作的正常开展,依照国家有关法律、法令、政策而制订的具有法规性或指导性与约束力的应用文,是各种行政法规、章程、制度、公约的总称。

在绩效工资政策的测量方面,有学者从政策设计和政策实施方面分别进行了研究。从政策设计来看,Fullen(2001)的研究提供了政策设计的基本框架[95]。他认为制度或政策的设计需要从必要性、可操作性、功能性,以及复杂性四个方面来考虑。其中必要性是指员工是否理解为什么要实施新的制度,他们必须了解改革的重要性并且同意这项改革符合他们的实际,通过让员工认识到改革可以帮助解决当前存在的问题促使他们接受新的制度;功能性是指教师们应该明白制度的方法和目标,即应该清楚地让员工明白新制度将如何实施,改革的信息对学校的决策过程来说很重要,但是这些信息必须清晰易懂,以便获取更多的支持[96];复杂性是指新制度实施过程中员工需要付出的努力,如在制度实施过程中员工的能力、知识和技能等[97];可操作性是指政策是否切实可行,Doyle 和 Ponder(2000)认为制度的手段、一致性、成本构成了可操作性的概念[98]。Tuytens 和 Devos(2009)在 Fullan 的基础上通过探索性和验证性因子分析提出了教师绩效评价政策具有的三个属性:需求性、可操作性和功能性,并发现教师对政策本身的感知是积极的,而对政策的执行会产生质疑[99]。

从制度的实施上,Thierry(1987)认为有效的绩效工资实施机制具有三个特性:公平性、透明性和可控性[100],其中后两个特性与 Fullan 提出的四维度中的可操作性,功能性相类似。Herpen(2005)发现绩效工资政策实施中分配公平和程序公平更重要,基于公平性、透明性和可控性三方面属性,并以实证研究的方法验证了绩效工资的实施对员工的外在动机有显著影响,而对内在动机产生影响的是晋升机会而非经济奖励[93]。

2.2.3 绩效工资的研究现状与趋势

在回顾绩效工资的近期研究时,Levy 和 Williams(2004)呼吁对绩效工资的反应、员工态度和行为的关系方面进行更多的实地调查[54]。不同的人对相同的绩效评价的反应会是完全不同的,基于评价产生的绩效工资政策效果可能更多地取决于个体的心理因素[101,102],因此研究绩效工资政策对个体心理的影响无疑对管理理论和实践都具有重要意义。

在绩效工资的影响和实际效果方面,学者们进行了大量深入的研究。早期的研究如 Greiner 等(1977)通过对公共安全方面的案例分析认为绩效工资能够降低犯罪率并提高工作绩效和改善团队之间的关系[103];但进入20世纪80年代学者们已开始质疑绩效工资的效果,Hatry和Greiner发现绩效工资实施过程中的奖励数额、测量指标,以及感知公平等问题会带来一些负面影响,反而无法改善绩效[104];Pearce和Perry(1983)提出绩效工资会未能改进绩效主要是由于存在实施方面的问题,管理者应考虑经济补偿的长期影响[105];Gabris(1986,1988)通过对Biloxi的政府公务员的调查发现,一般雇员对绩效工资的满意度和公平性的感知比参与绩效工资实施的管理者都要低[106,107];90年代后至今的研究较多聚焦于绩效工资的具体实施层面的影响,如Kellough和Selden(1997)通过对Georgia州政府2500名一般雇员和450名主管的调查研究发现由于员工认为绩效排名未能反映真实绩效而对上级主管缺乏信任,导致70%的人认为绩效工资未能起到激励作用[108];之后Kellough于2002年又与Nigro对30个州政府中的350名人事主管进行研究也发现绩效工资对动机和绩效只有较少程度的影响,主要原因是目标模糊和交流欠缺使得对领导的信任缺失从而影响了绩效工资的效果[36];Marsden(2004)提出工作设计和绩效评价比绩效工资本身对员工工作动机的影响要更显著[109];Egger-Peitler(2007)对奥地利14个部门的1417名地方政府雇员进行调查发现81%的人对绩效工资的执行公平和透明度不满,因此要求停止该制度[110]。由上述分析可见,绩效工资政策实施中的公平性已成为影响员工与领导关系,以及员工动机和绩效的主要因素。也有学者从绩效工资的构成要素出发研究其作用和效果,如Earley(1990)认为绩效目标设置和结果反馈可通过增加工作绩效所需信息和动机进而影响到绩效[111];美国国家研究委员会(National Research Council)的研究总结道,实证研究表明员工的个人动机计划能够激发并提高其在工作中的表现[6];Roberts和Reed(1996)认为参与、目标和反馈可提高考核认可度进而影响考核满意度,并最终影响员工的动机和产出[112];Perry,Mesch和Parlberg于2006年对绩效工资与公共部门动机的研究表明个人经济方面的动机在传统的公共部门是没有影响的,并且个人的经济动机是否有效取决于组织的条件[113]。Pat和Ian等(2004)在2001-2003年通过对78个案例的分析,探讨了英国教师绩效升级评价制度(Performance Threshold Assessment)对中小学教师情绪的影响,结果发现绩效工资对教师的教育管理文化和心理都产生了负面的影响,使其更关注外部环境因素而忽视教学,并更多的增加了抱怨和沮丧的情绪,丧失了以往对教学工作的"热爱"和"激情"[114]。在我国,杜旌通过对知识性员工的调查探讨了绩效工资及其公平性对员工态度与行为的影响[39]。

从已有绩效工资成功或失败的相关研究文献看,大部分研究者都是直接列出一些成功或失败的影响因素,缺乏一个系统性框架进行描述,以至于整体对绩效工资的影响机制缺乏全面的认识。为此,Perry等学者于2009年综述了包括绩效工资在内的薪酬系统的前因后果和发生机制,期望为政策制定和实施者进一步完善绩效工资政策提供借鉴和启示(图2-3)。

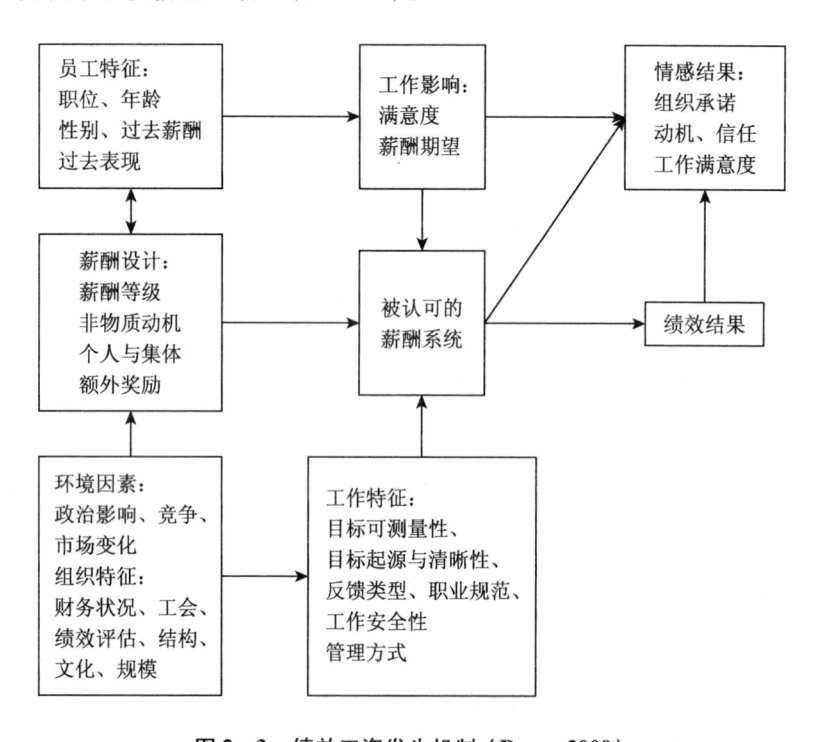

图2-3 绩效工资发生机制(Perry,2009)

在该框架中,Perry将绩效工资研究中关键变量之间的关系进行了清晰的描述,认为绩效工资的认可程度会受到多方面因素的影响,同时认可程度又会导致员工的工作态度和绩效的变化。其中包括绩效工资薪酬系统的设计会受到员工特征、环境因素和组织特征等多个层面的影响并进一步牵扯到其它变量;首先,从微观上看,员工个体的职位、年龄、表现等特征不仅影响到个人对工作的满意度和对薪酬的期望,也是组织对其进行薪酬设计的重要依据;其次,从宏观上看,大的环境因素如政治影响、竞争,以及组织的结构、文化、规模等特征也会对员工薪酬设计的等级以及个体与组织之间的关系产生影响,进而决定工作目标的可测量性、清晰性和管理方式等工作特征;再次,上述三方面共同作用于员工对薪酬系统的认可程度;最后,在员工自身对工作的影响,以及对绩效工资的认可程度将会决定其包括信任、动机、组织承诺在内的工作态度乃至绩效[55]。上述框架的提出为后续研究者深入研究绩效工资成功或失败的影响因素提供了良好的基础,也为本研究提供了较好支持。

本研究拟深入探讨绩效工资政策的影响,政策本身的特点将会影响到员工对政策的认可程度,进而员工的心理和行为都会因此政策产生变化。因此,基于上述研究成果,可以看出影响薪酬系统认可程度的主要因素既有员工自身对于政策的期望也有组织的管理水平,而对薪酬的认可会直接影响员工的内在工作动机和对上级的信任等。这些因素都为本研究的概念模型提供启示。员工对于薪酬的期望直接反映了政策的现实性,只有符合现实客观实际满足员工一定期望的薪酬政策才能得到员工的认可。而另一方面,好的政策只有得到合理的管理实施才能发挥其真正的效应,故政策所赋予的管理因素也将决定政策的被认可程度。一般而言,薪酬政策中公平性是最重要的反映管理能力的因素。基于上述分析,本研究中绩效工资政策的关键因素也将包含上述方面。对于薪酬系统对员工影响的后果变量中,动机和对上级的信任是普遍认为最直接的后果,因此本研究也将结合研究对象的特点选择相关变量进行模型构建。

2.3 公共服务动机

2.3.1 公共服务动机的发展历程

公共服务动机的产生与兴起有着其特定的现实和理论根源。20世纪70年代末,西方国家广泛兴起了新公共管理运动,这是一个公共行政模式由权力至上发展到责任至上的进化历程,其核心特征是对政府责任及其绩效的高度关注。一方面,新公共管理强调改变公共部门的官僚作风和刻板的形象,突出公共服务伦理的重要性;另一方面,倡导在行政改革的实践中广泛引入企业管理的方法和理念,包括顾客至上、提高公共服务与管理的效率,以及人力资源管理技术如工资激励制度。在此背景下,许多学者着手于对公共部门和私人部门员工工作价值观和报酬偏好进行比较,为公共服务动机的提出提供充分的现实依据,同时这一概念的提出无疑也为政府形象的重新塑造和管理技术的提升提供良好的理论借鉴。

理论研究中,目前的动机研究文献主要集中在对工业和商业组织中员工的研究,却很少研究公共组织中的相应主题。Behn 认为工作动机一直是组织行为研究中的重要兴奋点,并将仍然是心理学最经常讨论的主题,但它却一直是从事公共领域研究的学者在相当大程度上忽视的领域,应建立以公共部门为研究对象的动机理论[115]。作为动机理论延伸的前沿课题,公共服务动机因针对以往研究中忽视的公共服务领域而备受关注。Rainey 被认为是第一个开始研究公共服务动机的学者,他通过直接询问公共部门和私人部门的管理者关于参与公共服务的个人倾向性来研究公共服务动机,这是首次试图将公共服务动机与亲社会行为联系起来的理论[116]。除了动机理论之外,另有学者如 Diulio(1994)在对公共选择理论进行批判的基础上,提出了公共服务动机研究的必要性[117]。认为以往公共选择理论不仅忽视了公共部门中广泛存在的公益精神,仅以自利来解释所有研究,而且还将价值和偏好视为外生变量,忽略了文化与制度的影响[118,119]。公共服务动机的研究正是对此方面研究缺陷的弥补。

正是因为公共服务动机的理论突出了公共管理领域的特点,认为公共管理者应有服务于公众的精神,强调利他动机、价值和参与,对于推进民主国家具有潜在作用[119]。在新公共管理运动蓬勃发展的 20 世纪 90 年代,公共服务动机的研究也发展迅速,通过对这一概念内涵的深入剖析,Perry 等学者开发出了较为直接的量表作为测量工具,促使各国学者纷纷效仿也在本国进行公共服务动机结构及测度的验证和改进,进一步使对于公共服务动机的影响因素和效果的研究更为广泛和深入,至今已产生了较为丰富的研究结果。

2.3.2 公共服务动机的内容与测量

在最初的研究中,公共服务动机强调的是一个内在的心理过程,Perry把公共服务动机定义为"个人受主要或完全基于公共制度与组织的动机所驱使的倾向"[120],Huston(2000)把公共服务动机理解为"更多追求内在报酬而非外在报酬"[23],都明确反映了公共服务动机是一种内在动机的特性。在Perry的公共服务动机概念之后,又有许多学者(大多是非美国籍)提出了自己对公共服务动机的理解的概念[121,122],并在相似的主题中采用"公共服务伦理"、"公共服务精神"等概念。随着公共服务动机研究的不断发展,该概念在欧洲学者中也渐渐流行起来,其中较有代表性的是Vandenabeele(2007)提出的概念,他将公共服务动机定义为"一种能够不顾个人和组织的利益而考虑到更广大的政治组织的利益,并且能够激励人们在适当的时候采取行动的信仰、价值观和态度"[123]。

公共服务动机的测量方面,从早期研究中的替代式的间接测量逐步发展到了目前较为普遍的更为科学的直接量表式测量两类。早期的研究主要通过测量动机过程中的其他相关变量如内在需要或外在行为来间接反映公共服务动机。一类研究是以Rainy为代表的对内在需要的笼统测量,主要通过直接询问不同部门的员工对"从事有意义公共服务"的奖励偏好来测量公共服务动机[46]。另一类研究是通过测量具体的行为来衡量公共服务动机的强弱。如Brewer和Selder将举报不良行为作为公共服务动机的一种表现,通过对比举报者与不举报者的奖励偏好、工作承诺,以及工作满意度情况,来确定公共服务动机的影响程度[116]。这两种方法虽然都在一定程度上解释了公共服务动机的影响和效果,但由于测量的并非公共服务动机本身,无论内涵还是外延均存在一定的差异,因此受到了不少学者的质疑,认为间接的测量方法是不科学的,呼吁更加直接的测量公共服务动机的方法。

一般而言,量表是管理研究中针对概念或变量进行测量的较为普遍使用的工具,而量表必须是建立在深入探讨概念的内涵与结构的基础上的。Perry借鉴Knoke等(1982)的动机的理性、规范、情感三维度理论[124],提出公共服务动机也包含有理性动机、基于规范的动机和情感动机三类[125]。理性动机来源于个体参与公共政策制定的吸引力,由于参与公共政策的制定能够增进个体的自豪感和为社会做贡献的价值感,因此此种动机应是公共机构所特有的。规范动机是指对公共服务的愿望,由三个方面构成:①为公共利益服务。个人将"为公共利益服务"作为其个人的行为准则的动机行为;②公民义务。根据 Frederick Mosher's(1968)在其"民主与公共服务"中的解释,"公民义务"是一个人具有规范性公共服务动机的重要标准;③社会公正。为保证社会上少数缺乏政治与经济资源的人们的利益而采取行动的动机,属于规范动机的一种[126]。因此总体可将规范动机归纳为来源于公民自身的责任感和对政府的忠诚,以及对社会公平的关注。情感动机通常代表个体对各种社会情境做出的情绪性反应,在公共服务动机的框架下是指个体愿意或渴望帮助他人而从事公共服务的动机,来源于两个方面:首先为同情心,即爱国主义精神的具体表现[126];第二个与公共服务相关联的动机为"自我奉献"。

综合上述分析,Perry(1996)将实践中的公共服务行为对应到六个维度中,利用因子分析提出 40 个题项的公共服务动机量表。此后,Perry(1997)合并了其中重复的成分,提出了公共服务动机的四维度结构,即公共政策的吸引、公共利益的承诺、同情心、自我牺牲四个因素 24 个项目的量表。Houston(2000)将公共服务动机分为五个维度,即工作特性:高收入,工作安全度,减少的工作时间,晋升机会[23]。2008 年 Vandenabeele 又对其进行了修正,调整为公共利益、公民义务和自我牺牲三个维度[128]。Kim(2007)将 Perry 于 1996 年提出的 24 项测量标准问卷进行了修改与删减,最后采用 14 项公共服务动机测量指标对韩国两个独立样本进行调查,结果显示 Perry 最原始的 24 项问题虽然不能全部适用于韩国,但精简后的 14 个题项依旧保留了 Perry 的四维度结构[129]。我国学者刘帮成于 2009 年也针对 MPA 学生进行调查,将 Perry 的 24 题项量表在中国情景下进行结构和普适性的验证,结果发现在中国公务员中也同样存在公共服务动机,但从结构上看只有公共政策的吸引、公共利益的承诺和自我牺牲三个维度得到了验证,同情心维度没有得到验证。同时还发现公共服务动机与工作满意度显著正相关,这一结果也与西方研究结果相类似[130]。上述研究结果为理解公共服务动机的内涵和实证研究的广泛开展提供了良好的工具,其中 Perry 的 24 题项量表作为最早开发的工具,成为了各国学者纷纷效仿进行本国公共服务动机研究的基础。但 Perry 本人也承认该量表还有待完善，其中公共政策制定的吸引部分项目太少，导致该部分量表信度不如其他分量表高。

2.3.3 公共服务动机的研究现状与趋势

由于内在动机与外在动机的关系一直是学者们研究的焦点，因此，基于公共部门与私人部门员工报酬偏好的比较首先成为研究公共服务动机的主要内容，大量学者在各自不同国家的背景下开展了广泛的实证研究以证实公共服务动机的存在，同时测量公共服务动机与报酬之间的关系也成为最早出现的对公共服务动机的测量途径，其中 Huston(2000)等人通过公共部门员工与相应的私人部门员工的对比研究影响较大，他们发现"公共服务动机与内在报酬正相关，与外在报酬负相关"[23]，进一步证明了公共服务动机的确存在，公共部门的员工和私人部门的员工受不同动机的驱使。

除此之外，越来越多的学者也开始将研究视角转入深入探讨公共服务动机的前因和后果。在公共服务动机的前因变量研究上，Perry 作为公共服务动机概念的主要提出者，于 2000 年尝试模仿 Shamir(1991) 运用多种社会化的动机理论来解释公共服务动机，并提出四个前提条件来作为公共服务动机的基础。这四个前提分别是：①理性、规范、情感的过程激励着人们；②每个个体受自我观念的激励；③偏好或价值内生于任何动机理论；④偏好是在社会化过程形成的[120]。基于上述假设，Perry 参考 Babdura(1986)的三因素互动理论，即环境事件、认知与其他个人因素、行为，构建了公共服务动机的过程理论，提出 PSM 的形成过程中存在四个关键变量：社会历史背景、动机环境、个人特征和行为[131]。然而，Perry 并未提供实证数据来支持上述理论，仅仅引用了一些其他研究来支持包含在四大领域范围内的一些关键变量。之后，Brewer 和 Seldon(2000)尝试将 PSM 纳入组织理论[116]，Wright(2008)努力用心理学概念框架内的目标理论文献重新解释 PSM[132]。Hondeghem 和 Vandenabeele 于 2005 年指出任何用一种理论来解释 PSM 的尝试都是徒劳的，因为公共服务动机显然还未形成一个完整统一的理论框架[123]。然而，Camilleri 通过对马耳他政府部门各种工种共计 3400 名公务员的问卷调查，检验了个人属性、角色状态、雇员对组织的感知、雇员与领导的关系、工作特征等五个前因变量与 PSM 四个维度之间的关系,指出组织环境特征是影响 PSM 的关键前因变量[133]。Moynihan 和 Pandey 也提出个体的社会历史背景与组织因素是影响 PSM 的重要变量,他们通过实证研究发现个体的专业组织成员身份与教育水平和公共服务动机显著正相关,同时组织的科层权威与改革力度和 PSM 也正相关,而繁文缛节和组织成员身份与 PSM 负相关[134]。上述变量的具体内容比较如表 2-1 所示。在综合学者们的各类观点的基础上,Perry 于 2008 年又提出了 PSM 的理论模型,尝试进一步解释 PSM 的形成过程(图 2-5),并通过邮寄问卷的方式进行调查对该模型进行检验[135]。

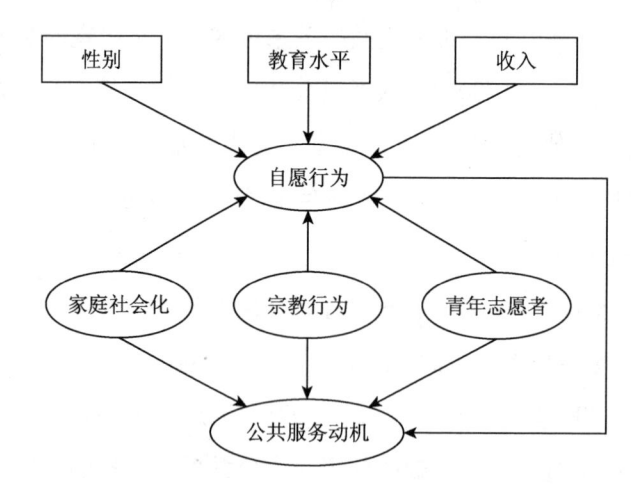

图 2-5 公共服务动机过程模型(Perry,Brudney,Coursey&Littlepage,2008)

表 2-1 国外有关 PSM 前因变量汇总

前因变量	具体内容	研究者
报酬	收入 工作时间 工作安全感	Crewson,(1995,1997) Houston(2000)
社会历史背景	教育:职业、教育水平 社会化:宗教、父母关系 生活经历:观察、学习、模仿	Perry(2000)
动机环境	制度:工作特性、组织激励、工作环境	
个人特征	能力、竞争力、自我观念、自我约束、过程	
行为	理性约束行为、规则约束行为、责任行为	

续表

前因变量	具体内容	研究者
个人属性	工龄、年龄、性别、工作级别、教育水平、家庭成员构成、工资	Camilleri(2007)
角色状态	角色冲突、角色模糊	
雇员对组织的感知	对行为的偏见、顾客关注、主动性与企业家精神、生产力、松散或紧凑的管理	
雇员与领导的关系	领导关怀、授权结构、参与、领导的沟通	
工作特征	技能多样性、任务自主性、与他人共事、任务意义	
社会历史背景	专业组织成员身份与教育水平	Moynihan & Pandey (2007)
组织因素	繁文缛节,科层权威,改革力度	

在影响效果方面,PSM量表的开发促进了大量实证调查的开展并取得了较为丰富的成果。已有学者通过问卷调查等方式验证公共服务动机与工作满意度、职员离职倾向,与组织承诺、员工绩效、公共组织绩效等之间的关系[108][112,113]。一些研究者断言,公共服务理论无论是在理论上还是在实践上,对公共管理领域都起着重要作用[136]。总体而言,公共服务动机的研究内容越来越丰富,方法越来越多样,影响也从单纯的理论研究扩展到对公共管理实践的分析和指导,并且参与此项研究的国家和地区也日渐广泛,从而使公共服务动机成为公共管理领域的重要研究议题之一。

绩效工资政策在中国公共事业单位虽然自2006年开始已经宣布启动,但实质上在2009年1月1日才开始面向义务教育教师进行实施。本研究的对象是公共事业单位工作人员,基于现实实施现状,只能聚焦于义务教育教师,但无论是哪个行业,公共事业单位工作人员的共性在于他们都是公共服务的主要提供者,而教师是公共教育服务的提供者。西方已有研究已经表明,公共服务人员具有比私人部门员工更多的公共服务动机,对薪酬等经济激励方式也有着不同的偏好[23]。因此,在我国大力提倡实施绩效工资政策的背景下,该政策对于公共服务人员的激励效果究竟如何是值得深入研究的。故本研究也将公共服务动机作为一重要变量纳入绩效工政策影响框架中。

2.4 领导成员交换

2.4.1 领导成员交换的发展历程

薪酬激励的重要理论基础之一是社会交换理论,这一理论主张人类的一切行为都受到某种能够带来奖励和报酬的交换活动的支配,因此,人类一切社会活动都可以归结为一种交换,人们在社会交换中所结成的社会关系也是一种交换关系[90]。Blau认为:"只有社会交换才能造成人际间的义务感、互惠感和信任;单纯的经济交换做不到这一点。"[137]因此在交换过程中不应仅仅关注经济交换产生的后果,还应对交换时人际间情感交换产生的结果进行研究。在社会交换理论中,领导成员交换(Leader-Member Exchange,LMX)理论以其独特的理论视角,引起了心理学界、管理学界的高度关注。该理论最早是由Graen和Dansereau在1972年提出的,他们认为现实情境中领导与其下属之间会因关系的远近形成"圈内人"和"圈外人",导致成员得到的不同程度的信任、关照、升迁机会等,从而决定了领导成员交换关系的质量高低[138]。领导成员交换理论几经演化,1995年Graen和Uhl-Bien将其定义为"领导成员之间基于关系的社会交换",这一定义强调从领导成员关系的角度来理解,并且把这种关系的性质归结为"社会交换"[53]。

领导成员交换的发展过程大致经历了四个阶段[139]。第一阶段,领导与其所在群体中与下属之间产生了不同的关系。这是与早期的领导风格理论相违背的,Lewin提出的领导风格理论中将领导风格分为专制型、民主型与放任型等三种,认为领导者以同样的风格对待他/她所有的下属,之后许多关于领导的研究都是基于领导对待下属方式恒定不变的假设下着重研究领导者典型或普遍的行为。但Graen等认为应当将领导行为的研究重点放在领导与下级之间的相互关系上,并根据垂直对子联结理论(Vertical dyad linkage,VDL)发展出"一对一垂直对子"的领导成员的对应关系理论。第二阶段,更多的关注于领导者与下属所发展的不同关系。由于组织资源与领导者时间有限,领导者需要找一些得力助手平均分配资源,导致领导与成员之间存在着各种亲疏远近的交换关系。主要研究内容包括 LMX 的结构和内容,以及领导者与内外团体成员关系的不同质量,如表 2-2 所示。第三阶段,在领导关系模型形成发展的基础上,研究的重点已从对不同领导成员关系质量的关注转向如何发展领导与成员之间一对一的合作关系。因此影响 LMX 的因素以及 LMX 对于个体、群体和组织结果变量的影响是主要的研究内容,目前大多数研究也都是在做这方面的工作。第四阶段,则是对一对一关系的拓展,探索在组织系统内外更大范围的框架下如何将一对一的领导与下属之间的关系发展到更高水平的团队、组织或超组织层面的关系,以及这种关系的影响效应,如团队成员交换关系(team - member exchange,TMX)就是 LMX 理论的进一步发展,探讨整个团队成员之间的交换关系。

表 2-2　国外有关 LMX 质量比较汇总[139]（王雁飞,朱瑜;2006）

研究者	高质量 LMX	低质量 LMX
Danserean 等(1975)	密切的互动	正式的角色关系
Liden 和 Grean(1980)	忠诚度高	忠诚度低
Dockery 和 Steiner(1990)	与上级感情好	与上级维持雇佣关系
Podsakoff 等(1990)	下级信任上级	下属对上级不信任
Liden 等(1993)	互惠	上对下
Deluga(1994)	高质量交换关系(高度信任、互动、支持、正式或非正式奖励)	低质量交换关系
Yukl(1994)	分配好的工作、加薪、福利	正式雇佣关系
Grean 和 Uhl - Bien(1995)	相互信任尊重,赋予更多责任	缺乏信任和尊重,赋予责任低
Scandura(1999);Robbins(2001)	相互依赖程度高,视为自己人	相互依赖程度低,视为外人

2.4.2　领导成员交换的结构与测量

领导成员交换的结构与测量与其定义有着密切的关系。由于不同时期研究者对 LMX 定义理解的研究角度存在一定程度上的差异,目前 LMX 的定义尚未形成一致,其结构的研究无论在数量上还是在内容上都相距甚远。数量上看,从 1 个维度到9个维度不等。从内容上看,也存在着共性和差异,目前主要形成的争论是领导成员交换到底是单维度的还是多维度的。Graen(1975)、Grean 和 Scandura(1987)、Grean 和 Uhl – Bien(1995)等认为如果领导与下属之间的交换仅限于工作的内容,那么领导成员交换就应是单维度的,是对上下级工作关系好坏的整体反映[140,141,142]。但在现实中,由于领导与下属之间的关系很难仅仅局限于工作方面,相互之间的关系实际上体现了更为复杂的角色扮演与获取过程。因此,Dienesch 和 Liden(1986)提出 LMX 应包含三个维度:情感、贡献与忠诚[143]。Liden 和 Maslyn(1998)在此基础上又增加了第四个维度:专业尊敬[144]。实证研究表明这四个维度在理论和现实中都是存在的,并且不同的维度在 LMX 的发展过程中的顺序和重要性是有差异的。如情感在早期 LMX 的发展阶段和形成后的稳定阶段起决定作用,但忠诚的培养则需要更长的时间[145,146]。尽管在 LMX 的结构上有单维度和多维度之争,但这些观点并不是完全矛盾的。Liden 和 Maslyn 指出最初将领导成员关系界定在工作范围内,后来的多维结构可以视为是在此基础上的扩充,即如果采用单维结构将 LMX 仅限于工作方面,多维结构的 LMX 其他维度如情感、忠诚、专业尊敬等均可以作为 LMX 的前因变量。虽然 Liden 等对上述单维度与多维度的关系进行了讨论,但并未进行实证的探讨,王辉等则做了两个不同样本的实证研究,证实了 LMX – MDM 的所有维度 – 忠诚、专业尊敬、情感和贡献都能预测 LMX 的假设[147]。

与 LMX 结构的争论相对应,LMX 的测量方法也种类繁多。根据国内外文献,目前普遍使用的方法是问卷测量,而测量 LMX 的工具有几十种,包括俄亥俄领导行为描述问卷(Leader behavior description questionnaire, LBDQ)、领导行为量表(Leader behavior index)、角色定向量表(role orientation inp)、领导注意力量表(Leader attention scales),以及各种题项不等的领导成员交换量表。虽然有如此多的 LMX 测量工具,但大部分量表的开发过程随意且缺乏理论支持和解释[139]。总体而言相对应于 LMX 的结构,主要可分为两类:单维度测量的量表和多维度的量表。

依据单维度量表的假设,领导成员交换是一个从低质量到高质量的发展过程,即从仅限于工作或雇佣关系的"圈外人"发展为包括工作范围外关系交换的"圈内人"的过程,主要使用的量表有 LMX-5 和 LMX-7 量表。而 Gerstner(1997)[148] 和 Schriesheim(1999)[149] 进行的元分析均表明,LMX-7 的信度效度是所有 LMX 测量量表中最好的。该量表是 Grean 和 Novak 提出的,包括 7 个题目来测量上级与下级之间的工作关系特征,如对工作的理解和对潜在问题的认知、工作关系的有效性、帮助他人的愿望等[150]。LMX 多维度结构主要是指领导与下属交换质量的高低会随着双方交换内容的不同而变化,共有四个维度:情感(liking)是指个人之间相互吸引而非工作,忠诚(loyalty)指领导与成员中任一方对对方的公开支持,贡献(contribution)即双方为共同的目标所付出的努力的知觉,专业尊敬(professional respect)是指双方对彼此在组织内外所拥有声誉的感知。在测量 LMX 多维度的量表中,每个维度有 3 个题目,共 12 项条目。国内研究中已有人修订了 LMX-7 和 LMX-MDM,发现 LMX-7 在中国企业中的信度为 0.86[151]。王辉等在研究中根据中国企业的情况,在 LMX-MDM 基础上又对每个维度增加了一个条目,也获得了较好的信度效度[147]。

2.4.3 领导成员交换的研究现状与趋势

经过近 30 年的发展,领导成员交换理论已经取得了相当丰富的成果。研究重点逐渐从关注领导者对下属的不同方式转移到关注领导者应如何与下属发展一种一对一的合作关系,并分别从组织的内外两个不同的视角研究这种一对一关系的形成发展和对组织及个体的影响。例如,建立了领导者与下属的关系模型,并深入研究了领导成员交换质量对组织和个人的效用和意义。总体而言,LMX 的研究进展目前主要包括三个方面:一是对领导成员交换的形成过程、内涵结构、测量工具等基本理论进行的研究;二是对影响 LMX 质量的各种因素进行研究,了解其前因变量;三是研究 LMX 的影响效应,包括主效应、中介效应和调节效应等。Liden(1997)等对 LMX 的前因与结果变量已做了总结[152],如图 2-6 所示。

影响领导成员交换的因素有很多,目前研究主要发现三类前因变量。一是领导者与下属之间的相似性与互补性。研究表明领导与下属的人口统计学变量越相似,双方爱好的相似性以及对工作预期认知的相似性,在社会归属与社会认同的影响下,都会对 LMX 的质量产生正相关[153-156]。另外,Townsend(2002)还发现自我效能感、相互喜欢、乐观态度与绩效水平对 LMX 质量有显著影响[157]。第二类影响因素是员工特征与表现[158]。不仅能力强、忠诚度高且具有创造力的员工更易于获得高质量的领导成员交换关系,下属的阿谀奉承以及揣摩上级意图的行为也会对 LMX 质量呈正相关[159,160]。相应地,上级对下属的绩效评价、目标定向也是影响 LMX 的重要前因变量[161-163]。第三类是包括会对 LMX 产生影响情景变量,如工作性质、团队规模、主管权利、政策制度以及组织文化等[164-166]。比较而言,上述三类研究中对 LMX 质量产生影响的情景变量研究还不够成熟,尤其是在特定的制度框架下探讨制度对上下级关系影响的研究还较为缺乏,需要进一步加强。

LMX 的概念已经反映出对员工表现的有效预测作用。Gerstner 和 Day 在综述中总结到,LMX 对员工的工作满意感、组织承诺、工作绩效、组织公民行为、跳槽意图等变量都有显著影响[148]。上述 LMX 影响效应的研究可分为两大类:作为自变量的 LMX 影响效应,作为中介变量的 LMX 影响效应研究。作为自变量的 LMX 主效应研究表明,LMX 主要对个体水平的结果变量有着显著的影响,其中包括对重要的心理变量如组织承诺[152]、公平[167]、角色认知[168]等的影响,对个体行为如角色外行为[151]、组织公民行为[169,170]、变革型领导行为[171]等的影响,以及个体之间的关系如领导与员工、员工与员工之间关系的影响[172],对个体工作绩效的显著影响[157]更是颇受关注的。然而,目前大量的研究仍聚焦在个体层面,对团队及组织层面影响的研究则相对较少。另一方面,由于 LMX 与诸多心理与行为变量之间的复杂关系,LMX 作为中介变量对个体及组织产生间接影响的研究也得到较多支持。如在控制点与组织承诺之间[165],控制点与工作满意度、主观幸福感的关系中[173],成就目标定向与工作绩效、工作满意度的关系中[161],变革型领导与员工离职倾向的关系中[171],变革型领导与员工工作绩效、组织公民行为中[147],LMX 都作为中介变量发挥着重要作用。

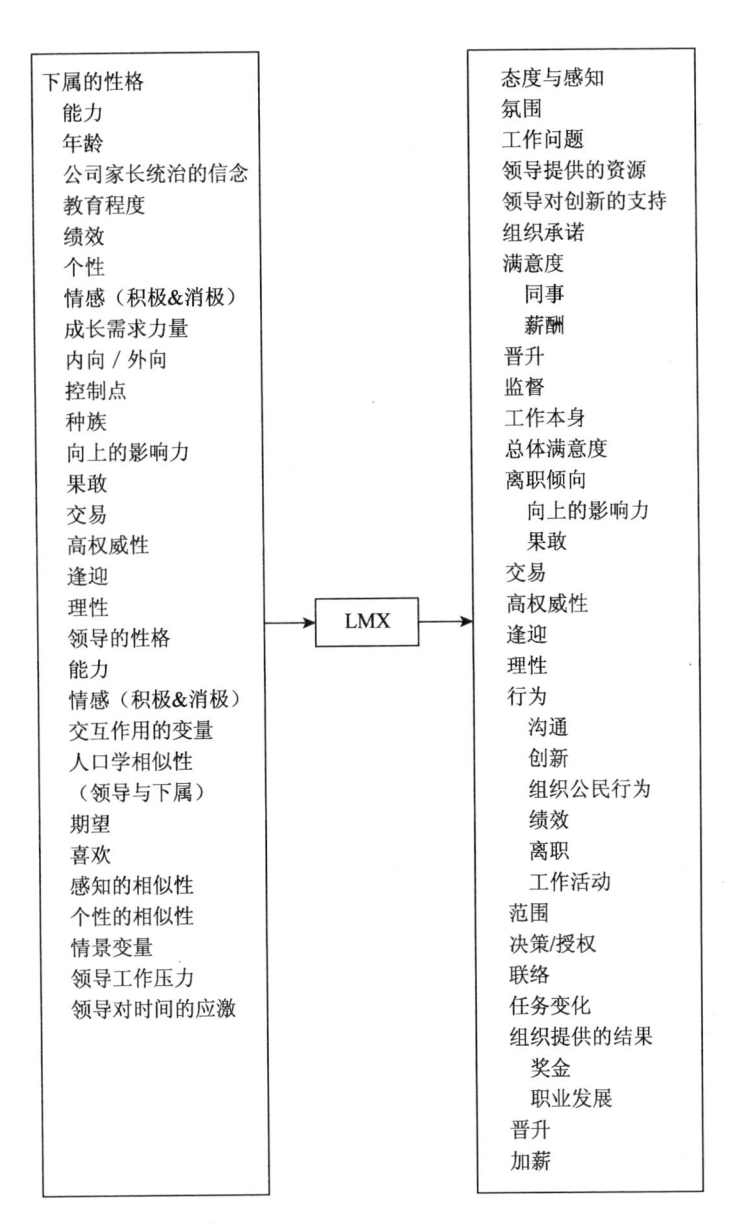

```
┌─────────────────────┐              ┌─────────────────────┐
│ 下属的性格          │              │ 态度与感知          │
│   能力              │              │   氛围              │
│   年龄              │              │   工作问题          │
│   公司家长统治的信念│              │   领导提供的资源    │
│   教育程度          │              │   领导对创新的支持  │
│   绩效              │              │   组织承诺          │
│   个性              │              │   满意度            │
│   情感（积极&消极） │              │     同事            │
│   成长需求力量      │              │     薪酬            │
│   内向/外向         │              │   晋升              │
│   控制点            │              │   监督              │
│   种族              │              │   工作本身          │
│   向上的影响力      │              │   总体满意度        │
│   果敢              │              │   离职倾向          │
│   交易              │              │     向上的影响力    │
│   高权威性          │              │     果敢            │
│   逢迎              │              │   交易              │
│   理性              │   ┌─────┐    │   高权威性          │
│ 领导的性格          │──▶│ LMX │───▶│   逢迎              │
│   能力              │   └─────┘    │   理性              │
│   情感（积极&消极） │              │ 行为                │
│   交互作用的变量    │              │   沟通              │
│   人口学相似性      │              │   创新              │
│   （领导与下属）    │              │   组织公民行为      │
│   期望              │              │   绩效              │
│   喜欢              │              │   离职              │
│   感知的相似性      │              │   工作活动          │
│   个性的相似性      │              │ 范围                │
│   情景变量          │              │   决策/授权         │
│   领导工作压力      │              │   联络              │
│   领导对时间的应激  │              │   任务变化          │
│                     │              │ 组织提供的结果      │
│                     │              │   奖金              │
│                     │              │   职业发展          │
│                     │              │   晋升              │
│                     │              │   加薪              │
└─────────────────────┘              └─────────────────────┘
```

图 2-6 实证研究中包括的 LMX 的前因与结果变量(Liden,RC,1997)

上述研究成果充分反映了 LMX 在组织理论中的重要作用,但同时也能看出 LMX 影响机制的复杂性,存在着主效应与缓冲效应同时存在,以及相关结果变量之间有复合的双向关系。如在公平感与 LMX 的因果关系探讨的研究中,虽然有学者将公平感作为 LMX 关系影响成员行为的中介变量予以考察,但也有学者认为公平感是影响 LMX 的重要前因变量[168,174]，我国学者梁巧转也有类似发现[175]。针对薪酬分配中的公平感，更多学者认为它会影响 LMX，因为只有当员工感到获得的评价与收入是公平的，他们才愿意同领导建立更密切的关系并产生较高的领导成员交换质量[92,140]，Katrinli(2010)在研究中发现 LMX 的感知质量在工资分配公平对员工工作满意感的影响过程中起到部分中介作用[176]。还有不少学者探讨绩效工资或评价活动中不同要素如目标设置、结果使用等与 LMX 的关系，例如 Klein(1998)通过案例研究发现在有限的条件下，LMX 和目标承诺之间有显著关系，并共同对销售绩效产生影响[177]，Elicker(2006)提出 LMX 与绩效评价满意度、结果准确性和有效性感知都有显著关系等[178]。上述研究反映了 LMX 与公平研究中的复杂关系，使我们初步了解了"圈内人"与"圈外人"对利益分配产生的反应。进一步通过绩效评价等角度深入拓展 LMX 的作用与影响，能够形成一个非常丰富的理论框架。另外由于 LMX 的研究大多面向私人部门，迄今为止面向公共服务人员的研究尚不多见，因此进一步研究 LMX 在公共服务人员绩效工资政策影响机制中的作用具有重要意义。

在以往有关绩效工资的研究中，学者们发现绩效工资从设计到实施，影响最多的是上下级之间的关系，如对领导的信任、抱怨等[35]。尤其是绩效工资的公平性，更是导致上下级关系变化的重要因素。作为真实反映领导与下属之间关系的变量，领导成员交换质量在绩效工资政策研究中也是不容忽视的。因此，本研究拟将领导成员交换纳入整体模型进行研究，探讨绩效工资政策尤其是政策的公平性对上下级关系的影响。

2.5 工作投入

2.5.1 工作投入的发展历程

传统的组织行为学研究较多关注组织及成员的负性状态，Luthans 曾对当代心理学和组织行为学的文献进行检索，发现近 375000 篇研究论文都是关于人的不良情绪的,而只有约1000篇研究人的正性情绪和积极状态,两者比例高达375∶1[179]。随着积极心理学的发展,越来越多的学者开始将负性状态研究往纵深方向发展,研究范畴拓展到了其积极对立面,逐渐开始取代以往那些对于病例及缺陷的研究。有研究表明,积极的工作情绪有利于提升员工的工作满意度和工作绩效乃至组织绩效。目前员工的工作投入已成为广泛使用的名词[180],有关此类内容的文章由于根植于实践而非理论和实证研究的基础,故在实践性期刊上出现地更为普遍。Robinson等学者曾感慨"极少有其他的学术和实证研究题目如工作投入这般受欢迎",但也有人质疑此类研究是"新瓶装旧酒"[181]。在以往的研究中有各种不同的界定和诠释,而且其定义和测量指标经常与一些更知名的构念相类似,如组织承诺与组织公民行为[180]。还有不少学者将其定义为对组织的情感承诺和智力承诺[182-184],或员工在工作中表现出的任何努力的数量[185]。这些概念都是在描述个体对工作的依赖情绪,在理论上有一定的重叠之处。但在实质上,工作投入还是与上述概念有着实质性的区别。工作投入不仅关注个体与工作的关系,更从健康心理学的角度关注个体的身心健康。而其他构念都只是对上述两个方面各有侧重,而未能如工作投入这样全面涉及。

关于工作投入的概念和内涵,目前还没有一种被公认的观点。最早这一概念是Kahn(1990)提出的,他通过个体深度访谈及分析,将其定义为"组织成员控制自我以使自我与工作角色相结合,在投入状态下,人们在角色表现中通过生理(physical)、认知(cognitive)和情感(emotional)三个层次来工作并展现他们自己",他同时认为自我与工作角色同时处于一个相互转化的动态过程[186]。因此,投入是在完成工作任务和扮演组织中角色的过程中的一种心理表现。Rothbard(2001)也将工作投入视为一种心理表现,但他更深入的阐述了其中包含的两个要素:注意力(attention)和专注力(absorption)[187]。注意力指的是"认知有效性和个体对角色思考时所花费的时间",而专注力则是指"在角色中全神贯注的各种方法和个体关注于角色时的强烈程度"。Maslach在对30年工作倦怠研究回顾的基础上,提出工作投入是工作倦怠的相反或积极对立面。Maslash认为投入的主要特征是精力(energy)、卷入(involvement)和效能(efficacy),正好相对于工作倦怠的三个维度,即情绪衰竭(exhaustion)、疏离感(cynicism)与专业效能感低下(lack of professional efficacy)[188,189]。Schaufeli(2002)将工作投入定义为"一种以活力(vigor)、奉献(dedication)和专注(absorption)为特点的乐观、愉悦的与工作有关的心智状态"。他们进一步提出工作投入不是短暂的特殊的一种状态,而是"更为持续性的无处不在的情感认知状态,不关注任何目标、时间、个体或行为"[190]。

2.5.2 工作投入的结构与测量

由于不同学者对于工作投入的概念有不同的理解,因此反映在工作投入的结构上也呈现出一定的分歧。从数量上看,认为工作投入三维度结构的学者居多数,从最早的Kahn到后期的Schaufeli均是如此。从内容上看,都强调情绪和认知等方面的内容,并认为工作投入是通过日常的工作行为和角色活动所表现出来的。但具体到分析的角度和侧重点上,仍存在较大差异。Kahn(1990)将工作投入分为生理、认知和情绪三个维度。其中生理投入是指个体在角色活动中生理能够胜任并提供体力支持;认知投入是指个体能够保持清晰的认识到自己的角色和任务,呈高度活跃状态;情绪投入是指个体与他人之间的情感联系,以及对他人情绪的感知敏感性。同时上述这三个方面可以是分别独立的,即一个维度的高低不会影响其他维度的高低[186]。之后Maslach(2001)提出了工作投入-工作倦怠的精力、卷入、效能的三维度连续体,认为倦怠处于这个三维度连续体的消极的一端,而投入则是积极的一端[188]。尽管Maslach的两极观受到了较为广泛的引用,但Schaufeli(2002)的研究则对该观点提出异议,他们更多的借鉴了前人对积极消极情感关系的研究成果,提出工作投入与工作倦怠并非简单的对立,而是相互联系又相对独立的两种心理状态,进而提出活力、奉献和专注的三个维度,该种观点还得到了数据的支持,因此逐渐成为了学术界的主流。此外,Britt(2001)还基于Schlenker(1994)的责任模型提出了工作投入的责任感、承诺、感知的工作绩效影响三个维度[191],从此模型中可以看出工作投入是个体对工作的强烈责任感和承诺意愿,并认为工作绩效高低与自身关系重大。上述的研究成果为工作投入测量工具的开发奠定了较好的理论基础。

作为工作投入研究的先驱,Kahn最早提出了工作投入的概念和结构,但以此为基础的量表却不多见,仅有May等(2004)根据Kahn的理论编制并检验得出的

13个项目的量表($\alpha=0.77$),均匀反映了生理投入、认知投入,以及情绪投入的内容[192]。由于 Maslach 将工作投入视为工作倦怠的对立面,而"Maslach 工作倦怠"(Maslach Burnout Inventory, MBI)的问卷已较为成熟,因此他们通过对 MBI 的反向赋值来测量工作投入,即在情绪衰竭、疏离感的低得分和专业效能感的高得分来反映高工作投入。Schaufeli(2002)则认为使用同一工具难以考察两个构念之间的关系,为了能对工作投入进行独立的测量,他们开发了"Utrecht 工作投入量表"(the Utrecht Work Engagement Scale, UWES)[190]。该量表使用分量表对每个维度都进行单独的测量,其中活力包括6个题项,奉献5个题目,以及专注6个题目。该量表目前已成为应用最广泛的工作投入测量工具。我国学者也对该量表进行了一些适应中国情景的修订,最终发现中文版 UWES 也具有较高的信度和效度,完全可以应用于我国的相关研究。同样地,Britt(2001)也基于自己的理论编制了工作投入量表,包括6个题项,涵盖责任感、承诺和对工作绩效影响的感知三方面的内容[191]。除此之外,还有美国 Gallup 公司通过对上百万员工访谈的结果编制了"盖洛普工作场所调查(Gallup Workplace Audit, GWA)"以反映员工的工作投入状况。该量表中12个项目主要测量两类内容:一类是测量态度性结果如满意度等,另一类是管理者可控制的因素,如工作所需的材料设备等[193,194]。GWA 量表在实践部门得到了大量的应用,但学术界仍因其内容是否与工作投入相符而存在质疑。

2.5.3 工作投入的研究现状与趋势

纵观现有的相关文献,工作投入的理论模型成果并不是非常丰富[181],但研究主流仍可分为三类。首先是 Kahn(1990)对夏令营组织者和建筑公司员工的深度访谈,研究了心理条件对员工工作投入的影响,结果发现对工作投入产生影响心理条件有三个:心理意义(meaningfulness)、安全感(safety)、有用性(availability)[186]。换句话说,当员工心理感受工作更具有意义和安全感,以及更有用时,他们会对工作更投入。May(2004)是唯一对上述 Kahn 的理论进行实证研究的学者,他发现意义、安全感与有用性与工作投入显著相关。同时还发现工作丰富性与角色匹配度对工作意义起正向预测作用;同事间鼓励,以及上级的支持对安全感有正向预测,而遵守同事间规范和自我知觉则会对安全感起负向预测作用;资源的有用性对心理的有用性呈正向预测作用,而外部活动的参与则反之。第二类研究是 Maslach 的工作－个人匹配论,认为工作投入是工作倦怠的反面表现,并提出与工作投入和倦怠相关的六种因素:工作负荷(workload)、控制感(control)、报酬与认可(rewards and recognition)、团队与社会支持(community and social support)、公平感(perceived fairness),以及价值观(values)[195,196]。Maslach 对工作投入与上述六种因素的关系进行了详细讨论,并指出工作投入会如同工作倦怠一样,在上述六种因素与员工的各种工作表现之间起到中介作用。

尽管 Kahn 和 Maslach 的模型都指出工作投入所必需的心理条件和前因,但均未能充分解释个体为什么会在这些条件下产生各种不同的投入程度。Saks 则认为可以通过社会交换理论来解释。社会交换理论的一个基本准则就是只要双方严格遵守交换的"规则",长期的交换关系会产生信任、忠诚和相互的承诺[196]。交换的规则通常是指互惠互利的原则,即一方的行为会导致另一方的反应和行动。例如当个体感受到组织的经济或社会情感方面的资源时,他们也会觉得有义务善待组织并予以回报。这一观点与 Robinson(2004)提出的工作投入是雇主与雇员之间一种双向关系的理论不谋而合[180]。

第三类解释工作投入形成机制的理论模型是工作要求——资源模型,它强调工作中的两类特性:工作中对于物质、社会和组织方面的要求和资源。工作要求会因为对员工精力、能力上的消耗而产生工作倦怠以致损害健康,而工作资源则是因对员工工作动机的激发而使其产生工作投入进而得到积极的工作结果。Demerouti 等学者对这一模型也进行了实证支持[197]。上述研究模型对于工作投入的前因变量分析基本上上属于两类:个体心理特征和工作特征。除此之外,人口统计学变量也是不可忽视的前因变量之一。Schaufeli(2006)对全球 31916 个数据分析后得出结论:工作投入与年龄、职业正相关,其中经理、企业家和农民三种职业的工作投入程度较高,而蓝领工人、警察和家政护理员的工作投入较低;工作投入与性别无相关关系[198]。还有一些研究发现:坚韧[191]、成就驱动[199]、情绪智力[200]等个性特征,以及外向、灵活、低神经质[201]对工作投入产生预测作用。综上所述,工作投入的影响因素很多,包括个体内部的人口统计学变量、人格气质、心理特征等因素,也包括个体外部的工作特征、环境资源等因素,由此更反映了工作投入在个体心理与

2 理论基础与研究综述

组织行为研究中的重要性。

从工作投入的影响效应上来看,其后果变量主要包括个体和组织两类,影响方式不仅有直接的影响,也有作为中介变量的影响。个体层面上,以往的大量研究已证实了工作投入会直接对工作满意度、组织承诺、离职意愿等工作态度和行为有显著影响。如盖洛普工资发现工作投入高的成员对其工作满意度也更高;Demerouti(2001)指出工作投入与积极工作情绪及组织承诺显著正相关[197];Schaufeli(2004)的研究显示工作投入与离职倾向呈负相关[202];Sonnentag(2003)证实了工作投入与前瞻行为呈显著正相关[203]。另外作为中介变量,工作投入在工作资源与组织承诺的关系中[204],工作资源与离职倾向的关系中,压力源与职业紧张关系中[191],都发挥着显著的中介作用。组织层面上,工作投入也对各种组织结果变量起到直接或间接的作用。如 Harter 的元分析表明员工工作投入与顾客满意度、生产力、利润率以及组织的总体绩效等变量均存在显著正相关[193];Salanova(2005)则验证了工作投入对团体的服务气氛具有显著影响,并在组织资源与服务气氛的关系间具有完全中介作用[205]。

综观上述工作投入二十年来的相关研究,可见研究内容广泛涉及工作投入的概念结构、测量方法,以及前因后果诸方面,获得了一些较有价值的成果,反映了工作投入在员工工作态度与行为,以及组织及效果方面的正向影响作用,对于提升个人与组织绩效都有较大意义。然而虽然工作投入的概念二十年前就已提出,但系统的实证研究仅是在近几年内才开展起来的,因此还需进一步深入研究与完善。今后的发展主要有三方面的内容:首先需要统一工作投入的理论模型,目前的定义与结构还存在较大分歧,有待于提出一个更广为接受的完善的理论模型;其次是还需更为深入地探讨组织层面工作投入的前因后果,以及与其他变量相互关系的问题,目前的研究多聚焦于个体层面,对于组织特征及环境因素考虑较少,尤其是组织层面领导行为等方面的影响,一定程度上降低了研究成果的普适性和推广性;最后,工作投入理论应与实践层面相接轨,通过研究更多地为实践策略提出加强和改善工作投入的具体措施与机制,充分发挥其实践价值。

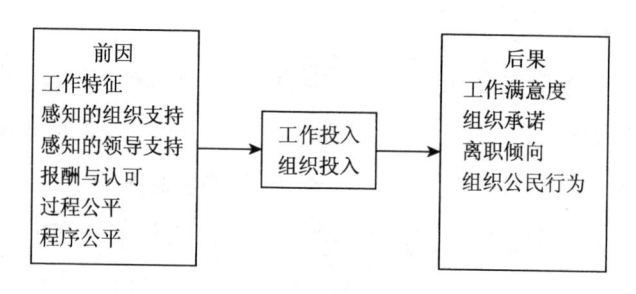

```
前因                        后果
工作特征                    工作满意度
感知的组织支持   工作投入   组织承诺
感知的领导支持   组织投入   离职倾向
报酬与认可                  组织公民行为
过程公平
程序公平
```

图 2-7　工作投入的前因后果（Saks,2006）

绩效工资政策实施过程中,政策的各个要素都对个体产生一定的影响。基于以往研究发现,可以看出薪酬报酬的多少、政策实施的公平性、个体的内在动机,以及与领导的关系等因素都会直接影响到工作投入[196]。因此,在本研究拟选择工作投入作为研究模型的因变量,相比较工作绩效、工作满意度等结果变量而言,工作投入与绩效工资政策的关系更为直接。

2.6　本章小结

从已有的国内外相关文献可以发现,学者们已经认识到了绩效工资在员工激励方面的显著作用和可能的负面结果,并从组织管理、个体心理等不同角度对绩效工资如何实施、效果如何进行了研究,分析了绩效工资政策的构成要素和实施效果的影响因素,提出了一些结论和建议以提升绩效工资的激励效果。尤其经过近二十年来的发展,其研究对象逐渐从企业拓展到公共部门,研究内容从简单的原理描述到更深入的因果关系探讨,研究方法也逐渐从应用规范研究到实证研究,有效地推动了绩效工资政策应用效果的研究,为后续研究者奠定了良好的基础。但我们同时发现,还存在着如下问题:

一是绩效工资政策影响员工工作态度的机理缺乏全面的考量,尤其是针对公共服务领域。由于绩效工资政策在公共服务领域应用较晚,公共服务动机、领导行为理论等研究也仅是在近二十年里得到较快发展,但也还处于大量的观点碰撞交融时期,因而学者的关注点往往集中在单个变量的内在规律或两三个变量之间的相互关系上,全面的视野和系统性的框架还较为缺乏,未能从更加全面系统的角度分析政策的影响,不少研究结果之间缺乏连续性,无法互相印证,出现了一些相矛盾的结论。

二是理论研究与实证研究相脱节。通过文献梳理可以看到,许多研究侧重于理论层面的拓展,而真正的实证研究以及研究结果对现实的指导意义并未充分体现。导致虽然学术界对于绩效工资政策褒贬不一,但许多探索性的理论成果由于缺乏实证研究的支持,权威性与可信度不高,使得结果的应用也大打折扣。

三是针对发展中国家公共管理领域绩效工资实践的实证研究寥寥无几。由于国情不同以及经济文化背景存在的巨大差异,发达国家与发展中国家中各类组织的形态与运行规律都有很大的不同,同时绩效工资在我国的实践远远落后于西方发达国家,以西方国家管理实践为对象的实证研究结果也未必能在我国得到验证,因此需要进一步在我国进行研究。

绩效工资政策作为组织实施的一项外部制度,不仅要分析在这种制度环境下对个体层面的内在心理可能产生的影响,还要探讨组织层面的管理关系可能产生的变化,以及政策在发展过程中不同阶段可能的作用机制和后果。因此,本论文针对我国公共服务领域的绩效工资政策的过程要素出发,从动机与社会交换的视角,研究绩效工资政策对员工工作投入的影响,提出一个较为完整的理论框架,并运用大规模的问卷调查和实证分析对其进行检验和修正,具有一定的理论价值和现实意义。

3 概念模型构建与假设提出

本章首先选取现实案例进行了深入剖析,对构建理论模型的基本要素进行的分析和界定,并针对第一章中提出的研究问题,以及在第二章理论综述的基础上,构建关于绩效工资政策、公共服务动机、领导成员交换与工作投入的理论模型,然后详细分析了绩效工资政策对教师工作投入的影响、绩效工资政策分别对公共服务动机和对领导成员交换的影响,以及上述要素相互之间的作用机制。

3.1 概念模型的逻辑结构

3.1.1 现实案例分析

(1) 政策背景

1) 绩效工资政策的目标与功能

义务教育学校实施绩效工资,是党中央、国务院在特殊背景条件下作出的一项重大决策。胡锦涛总书记在2007年全国优秀教师代表座谈会上的重要讲话中强调,"要随着经济发展不断提高教师待遇,依法保障教师收入水平"[206]。温家宝总理在2008年政府工作报告中提出,"要完善和落实教师工资、津贴补贴制度"[207]。2008年12月国务院第41次常务会议决定,从2009年1月1日起,在全国义务教育学校率先实施绩效工资政策。在2008年全球金融危机和我国历史罕见的汶川大地震等特大自然灾害的情况下,党中央、国务院决定率先实施义务教育学校绩效工资政策,充分体现了党中央、国务院对1000万义务教育教师的关心。

《关于义务教育学校实施绩效工资的指导意见》(下称《意见》)中,明确指出了绩效工资政策的政策目标,即"依法保障和改善义务教育教师特别是中西部地区农村义务教育教师的工资待遇,提高教师地位,吸引和鼓励各类优秀人才长期从教、终身从教、促进教育事业发展"[10]。从内容上来看,其总体设计彰显了义务教育的公益属性,符合促进教育公平,实现均衡发展,实施素质教育,办人民满意的教育的总体政策目标[208]。从功能上看,绩效工资政策的作用主要体现在如下四个方面:

首先,实施绩效工资依法保障了教师收入水平。《义务教育法》明确规定,教师平均工资水平不低于当地公务员平均工资水平。通过实施绩效工资,使法律关于教师工资待遇保障水平的规定落实到了政策操作层面,依法建立了义务教育学校教师绩效工资总量和水平的确定机制,明确按教师平均工资水平不低于当地公务员的原则确定教师绩效工资水平,同时建立了随公务员规范后的津贴补贴同步、同幅度调整的长效机制,这使教师收入水平从根本上得到有效保障。

其次,绩效工资改革为教师资源均衡配置提供了重要制度保障。义务教育学校实施绩效工资改革,规定在具体核定学校绩效工资总量时,要合理统筹,绩效工资要与规范津贴补贴结合进行,学校以往发放的各种津贴补贴在统一规范的基础上纳入绩效工资,所需经费全额纳入财政保障。学校各种非税收入一律按照国家规定上缴同级财政,严格实行"收支两条线"管理,逐步实现同一县级行政区域内不同义务教育学校之间绩效工资水平大体平衡,从而有效促进了县域内学校间教师之间实际收入水平的大体平衡,有效缩小了同级教师在县域内不同学校之间工资水平上的差距,使统筹配置教师资源、促进教师合理流动成为现实可能,这将为促进义务教育均衡发展、不断提高学校的科学化管理水平创造了有利条件。

再次,义务教育学校实施绩效工资改革,为促进农村教师队伍建设奠定了重要基础。实施绩效工资强化了向农村教师倾斜的政策导向,明确在绩效工资总量核定上对农村学校特别是条件艰苦的学校给予适当倾斜,设立了农村学校教师补贴,显著提高了农村教师的收入水平,这有利于稳定农村教师队伍,有利于吸引优秀人才到农村任教,有利于促进城镇教师向农村学校流动。

最后,义务教育学校实施绩效工资,建立了鼓励和吸引优秀人才长期从教、终身从教的良好机制,建立了教师绩效考核评价制度,明确要求教师要全面贯彻党的教育方针,深入实施素质教育,关爱每一个学生,特别是学习上有困难或品行上有偏差的学生,并规定不得把升学率作为教师考核指标;同时坚持绩效考核和绩效工资分配紧密结合,树立了正确的收入分配激励导向,坚持向一线教师、骨干教师和班主任倾斜。这都有利于引导广大教师把聪明才智和工作热情汇聚到促进义务教育均衡发展的宏伟事业中去。

2) 绩效工资政策的实施机制

根据《意见》,绩效工资分为基础性和奖励性两部分。基础性绩效工资主要体现地区经济发展水平、物价水平、岗位职责等因素,占绩效工资总量的70%,具体项目和标准由县级以上人民政府人事、财政、教育部门确定,一般按月发放。奖励性绩效工资主要体现工作量和实际贡献等因素,在考核的基础上,由学校确定分配方式和办法。根据实际情况,在绩效工资中设立班主任津贴、岗位津贴、农村学校教师补贴、超课时津贴、教育教学成果奖励等项目。教育部门要制定绩效考核办法,加强对学校内部考核的指导。学校要完善内部考核制度,根据教师、管理、工勤技能等岗位的不同特点,实行分类考核。根据考核结果,在分配中坚持多劳多得,优绩优酬,重点向一线教师、骨干教师和做出突出成绩的其他工作人员倾斜。方案制定过程中,要求学校制定绩效工资分配办法要充分发扬民主,广泛征求教职工的意见。分配办法由学校领导班子集体研究后,报学校主管部门批准,并在本校公开。校长的绩效工资,在人事、财政部门核定的绩效工资总量范围内,由主管部门根据对校长的考核结果统筹考虑确定。整体绩效工资政策过程如图 3-1 所示。

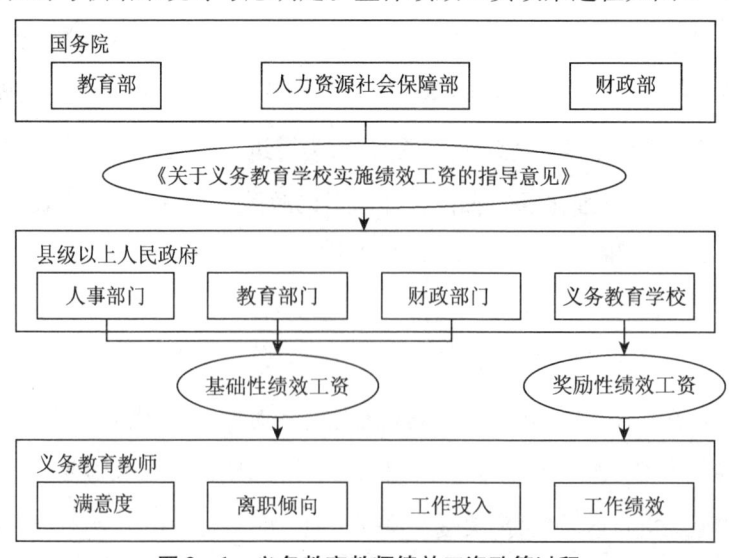

图 3-1 义务教育教师绩效工资政策过程

教师绩效考核是教师人事管理制度的重要内容,是加强教师队伍建设、促进学校管理水平提高的重要手段,也是义务教育学校实施绩效工资的内在要求和关键环节。中央领导同志对教师绩效考核问题非常重视,多次作出重要批示,提出明确要求。教育部也再三强调学校实施教师绩效考核,必须健全考核组织,有一定比例的教师代表参加,自觉接受广大教师和社会的监督。教师绩效考核方案,要充分听取广大教师的意见,经教代会的认可并在本校公开;教师绩效考核方案实施前,要向全体教师作深入细致的解释和说明,统一思想,争取每一名教师的理解和支持;方案一旦明确,必须严格执行,经过实践探索确实需要调整的,要按照规范的程序修改完善,严禁暗箱操作、个人或少数人说了算[10]。由此可见,政策实施的公平性是备受关注并且已得到一定程度上的制度约束。

3) 绩效工资政策的现实困境

然而,上述制度功能和目标虽然令人鼓舞,要具体实现过程中还存在一些现实的问题。

首先,绩效工资在现实中的落实。这一点主要反映在资金的来源与保障上。由于我国义务教育学校教师的工资主要来源于地方财政,而各地的财政收入状况有明显贫富不均,因此绩效工资政策所需要的资金是否能落到实处是欠发达地区教师的普遍忧虑。虽然《意见》中明确指出,义务教育学校实施绩效工资所需要的经费,纳入财政预算,采取以县为主管理、经费省级统筹、中央适当支持的原则,但如何把省级财政应该承担的资金落实到位、强化"省级统筹"的责任?在管理"以县为主"制度下,中央和省级财政资金划拨到县级财政后,能否真正做到专款专用?如何对中央和省"戴帽下拨"的教育经费使用情况进行有效监督,以及谁来进行这种监督?上述问题如果不能得到解决,将使绩效工资政策无法得到实质上的落实。

其次,政策公平性的保障。教师绩效考核指标的确定。教师绩效考核与绩效工资分配特别是奖励性绩效工资分配紧密相连,绩效考核工作不到位,绩效工资实施就难以真正落实到位;绩效考核不科学,就难以保障绩效工资分配的公平、公正。《意见》中强调"将师德作为绩效考核内容的首位,不得把升学率作为教师绩效考核指标"。而在现行教育体制下,教学活动仍是学校的中心工作,教师的工作业绩主要还是通过学生的成绩来体现,而"师德"是难以量化的,因此根据《意见》设计的具体绩效考核指标将具有一定难度。

第三,教师伦理的挑战。绩效工资对教师积极性的调动是建立在物质激励与经济人假设基础之上的,这在某种程度上与教师群体内在的职业动机是相悖而论的。过去实行的教师工资制度以"平均"为主要色彩,对教师工作积极性调动所发挥的作用与影响并不是很大,起主导作用的主要是教师职业道德因素。在实际工作过程中,教师之所以能够投入更多的精力与情感主要是源于其对教育事业的热爱、责任感以及甘于奉献的职业精神。而在教师绩效工资政策的实施过程中,如果只是以货币为度量教师工作绩效的标尺,会使货币成为目的,而教育目的或教师职业生活的目的则成为手段,在现实中教师会将他的劳动投入视为与一定量的货币进行交换的交换物,视为像商品一样的货币的等价物,在此交换过程中,教师的教育人格逐渐消遁,而市场人格却逐渐突显。尽管作为手段的货币的目的化能产生可预测的提高教师工作积极性的效果,但与此同时也可能会对教师的人格、精神产生严重的不良影响。

(2)案例描述

本研究选取的案例主要来源于陕西和广东两地,分别于 2009 年 4 月、2010 年 8 月、2010 年 11 月对不同规模和等级的若干中小学进行了走访,以座谈会、深度访谈等形式对一线教师和学校管理者进行了调查,同时获取了大量相关的管理文件。由于本研究主要聚焦于绩效工资政策本身对教师心理影响的内在机制,因此对于外部条件对制度实施的制约如财政资金不足的约束性进行了控制,选取的学校主要是在财政资金能够保证绩效工资政策顺利实施的学校,包括城市和农村的学校各选其一进行了分析。

A 初级中学位于广东深圳某区中心城,前身为创办于 1995 年的 A 区中学,2004 年初高中分设,更名为 A 初级中学,是该区直属公办学校。2000 年 6 月被评为深圳市一级学校,2001 年 6 月被评为广东省一级学校,2004 年分设后得到广东省教育督导室的资格认定。学校现有教学班 42 个,学生 2310 人,教职工 220 人(专任教师 163 人),一线教师全部具有本科以上学历,其中高级教师 37 人;一级教师 26 人。学校领导班子现有校长 1 人,副校长 2 人,党总支书记由校长兼任。2009 年 3 月,根据区教育局所发文件《关于义务教育学校实施绩效工资的指导意见》和区教育局分发给各校的关于绩效工资改革的文件,制定了该校绩效工资改革的实施细则。制定过程中,首先由校领导和相关管理机构包括教务处、财务处等的管理人员拟出一份《奖励性绩效工资分配方案(讨论稿)》,然后将此初稿通过邮件发送给全体教师进行为期一周的意见征求。之后召开了教工大会,校长在会议上对《分配方案讨论稿》进行了介绍,最终以投票的方式表决。根据《深圳市事业单位绩效工资政策实施方案》,各单位奖励性绩效工资的改革是由各单位"自主制定分配方法,按规定程序报批后自行发放"。由于在区教育局发放的奖励性绩效工资发放的具体方案中,明确提出"根据学校以套算出的奖励性绩效工资平均值,从学校每位在编教职工总收入中抽取等量金额(全区各类学校平均绩效工资在2300~2500元)作为单位奖励性绩效工资总额。"该校抽出2400元作为奖励总额,其中1200元作为考勤的奖励资金,另外1200元中,1000元根据整体的工作量进行奖励,包括班主任的工作量也在其中进行计算,最后200元作为互评的绩效考核奖金。该方案实施之后,校内教师的收入能够呈现出班主任最高,校领导及行政人员次之,接着是骨干教师的趋势。据教育局工作人员介绍,整体区内的学校绩效工资方案差异不大,基本上都是这样设计并实施的。从结果上看,以往发放的的福利少了500元,节日过节费等也都因绩效工资取消了,所以虽然教师绩效工资平均上涨了2000元左右,但由于少了以前的有关福利补贴,加之该区教师工资收入本身就比较高,因此教师普遍反映未感到工资水平提高很多。

另一案例是西部某省农村的B小学,该小学是2006年7月合校并点建成的一所新型小学。学校占地6840平方米,14间教室,12间教师办公室。学校学生来自周边5个自然村,在校学生370名,共设11个教学班。学校正式编制教师共42人,其中小学高级教师14人,小学一级教师16人。据校长介绍,该校根据区里下发的绩效工资分配指导方案,结合自身情况由考核班子制定具体方案,并交老师们讨论在教代会上通过。学校宣传栏可见该区教育局对绩效工资分配指导意见的通知,并将重要地方如请假扣分等条款重点画出。每学期开学前会再开会进行部分修正,一旦确定一学期内不会改变。在政策实施初期会有一些人感到不满,通过校长的说明解释,以及后期的不断完善,例如2010年比2009年明显进行了改进,主要表现在30%绩效工资的分配范围上,于2010年将30%全部纳入绩效工资分配范围。现在高级教师每月 30% 拿出 520 元,中级教师每月 30% 拿出 440 元,共同组成一个"绩效工资池",分配时首先将班主任的津贴从其中拿出,即 1 元/生,然后根据工作量等因素进行打分分配。教师自己根据工作量的多少打分,提交并由考核小组审核,最后的分配方案公开。每月进行一次绩效考核和工资分配,平均相差 70-80 元,相互差距较小。年轻教师比以前拿得多,主要原因是代课多,根据工作量考核的绩效工资就高;而且因为职称低和教龄少而导致基准工资低,拿出来共同分配的 30% 也就低;因此,这样一高一低,其绩效工资收入就高。但老年教师并没有产生怨气,因为差距小,而且平均来说都提高了工资,大家心理平衡。总体而言,教师工资普遍上涨 1000 元左右,对于绩效工资的满意度还是较高的。

(3) 分析小结

上述两个案例一定程度上反映了我国义务教育学校绩效工资政策的实施现状,本文主要从政策设计、政策实施,以及政策效果三方面进行分析。

1) 政策设计

对于绩效工资政策本身,从管理者到任课教师,普遍对该政策是欢迎的态度,认为国家制定绩效工资政策的初衷是好的,目的是为了提高教师的待遇和社会地位,吸引更多的优秀人才投身教育事业。从学校管理层来看,原先政策提出的如通过收入标准统一来均衡教师资源等目标都得到了一定的实现,A 校校长认为:"过去学校依靠自筹经费发放津贴造成了学校间的收入差距,使得有些教师不安心工作,现在政策统一了,虽然在短期内教师从心理上可能不太适应福利津贴的减少,但总体收入水平是上升的,而且学校的管理更规范了,有利于教师集中精力做好教书育人工作"。另外,对于农村学校实施绩效工资的目的是强化向农村教师倾斜的政策导向,B 校校长认为:"目前学校的现状是严重缺编,经常有老师身兼三四门课,工资提高了有利于促进城镇教师向农村学校流动。"B 校教师也承认工资普遍增加了 1000 元左右,比以前有了大幅提高,更安心教学工作了。因此从宏观层面上来看,绩效工资改革一定程度上对于学校的管理要求更高更规范,为促进国家教育政策的实现打下了基础。

从教师的角度上来说,A 校教师谈到:"国家为教师制定这样的政策,已经说明国家认识到了教师收入低、缺乏激励的问题,有了这样的开始是不错的。但问题是如何让政策产生应有的效果,这是一个难题。""政策中规定不得把升学率作为教师考核指标;同时坚持向一线教师、骨干教师和班主任倾斜。这都有利于说明了绩效工资的激励导向作用,如果能够做好,是能起到作用的"。B校教师也提到"政策是好政策,就看能不能落到实处了。"

虽然从上述访谈中能够看到绩效工资政策的普遍认可,认为该政策有必要实施,但同时也反映了实施后政策功能能否实现的担忧。政策的实施需要有具体实施方案的制定,国家的政策指明了大的方向和原则,而具体的方案则是需要各地各校根据自己的实际情况制定并实施,由于各地经济水平与学校管理能力的差异,必然产生各种影响制度实施效果的问题,这会对政策最终的现实功能体现与预期的目的不符的情况。

2) 实施过程

绩效工资政策实施的好坏,不仅会对教师的个人工资收入与工作积极性产生影响,而且还会对整个教育系统的事业发展产生非常重要的影响。作为一项工资制度,随着绩效工资政策的实施,绩效考核和工资分配的过程是否公开、是否客观、是否有良好的沟通、广大教师是否参与、是否存在申诉的渠道等,都会直接影响到绩效工资政策的公平和效率。

在绩效工资政策实施的初期,由于财政资金保障机制不完善以及各地具体的指导方案未出台等原因,各地出现了一些教师绩效工资实施效果差的负面消息。然而从案例中我们可以看到,要取得教师满意的绩效工资政策实施效果,执行方案必须经过多次的上下沟通和修改才能不断完善。A校的教务主任,作为草案拟定的主要参与者,认为该方案的设计完全遵照上级的相关文件的意愿,同时也充分考虑到了学校教师的意见,通过上下的沟通最终形成的。B校校长也认为区上的指导意见进行了公布,学校的方案也不断征求了教师的意见,最终是教代会通过的。如果还有问题,反映上来是可以进一步改进的,但是需要一定的时间。

虽然从程序上看是比较公开的,但A校也有教师指出:"按学校的说法,教育局给各校发放奖励性绩效工资的标准,是按照各校的师资力量来的。就是说如果一个学校工龄长、职称高的老师越多,分配给该校的奖励性绩效工资的总额也就越多。由此学校给每人套算了一个数据,即每人按照自己的工龄和职称来看,越高的

"该拿"的奖励性绩效工资越高,而人均的奖励性绩效工资是2400元左右,有人超过,有人不足,超过的部分个人先拿进口袋,不足的个人就得就从自己的基层工作补贴中抽出来补齐。简单地说,按此逻辑,教师在改革后的工资竟然因为工龄和职称等原因拉了两次距离。这就导致绩效工资实施后,部分工龄很长、职称很高的教师以及奖励性绩效工资中岗位工资很高的领导工资提高幅度较大,而绝大部分工龄一般、职称一般的教师工资总额都较改革前缩水了,工作五年以内的年轻教师(年轻教师的工作量基本是各校教工中最多的)的工资更是大幅下降,就会出现带班多的年轻老师的工资只有带一个班甚至不带班的领导和某些老教师的1/3的现象。而此类情况,学校并未作出任何合理的解释,只是说"区上的实施指导意见就这样。"由此可见,虽然保证了一定的公开性和透明度,绩效考核和工资分配的公平性仍是一大难题。虽然在表面上看大家抽取的奖励金额时一样多的,但未考虑到不同教龄和岗位的基数的差异,所以实际上还是不公平的。因此只是刻意追求分配结果的平等,则会对实际有损于程序上的公平,导致员工的不满。

《意见》中明确提出,要"充分发挥绩效工资分配的激励导向作用","在分配中坚持多劳多得,优绩优酬"。然而在A校所在地区,很多人担心的"领导拿大头"的现象并不多见;相反,另一种平均主义的倾向却在滋长。收入水平较高的A校教师认为:"绩效工资方案实施之后,由于考核指标主要是工作量的差异,因此干多干少有区分,而绩效部分只有200元来进行区分,干好干坏无区别。""教师的工资本来就高,比如我是高级教师,每月超过8000元。这次上涨才几百元,老师们都不是很关心,干脆平均分配,也省了许多麻烦。"B校的某数学老师说:"工资全面来看是涨的,但考核的权力下放到各个学校,具体的考核制度又会产生不同的影响。B校的考核就比较严格,有很多扣分的项目,比如迟到一次会扣多少。这样很多人就会不愿意负责任,因为负责越多越有可能被扣分,最后体音美等副科老师收入反而高。希望具体考核办法的制定上能更公开公正。"另一方面,由教师反映各校的绩效工资方案差异较大,但普遍反映的都是对教师的非常详细的考核标准,但对行政人员的考核标准非常笼统,导致行政人员拿到的奖励性绩效工资会比教师的高,引起任课教师的不满。但另一种情况是,很多行政人员也兼任课程教学,所以情况较为复杂。

根据上述案例可见,形式上的公开公正是比较容易做到的,各校都会根据上级文件的要求完成职代会讨论、举手表决、公示等程序,但在实质性的体现公平,制定考核标准时,既要体现差别激励又要使所有人满意,似乎是一个较难实现的目标。在绩效工资普遍涨幅较小的情况下,尽量不动现存利益,而采取平均主义的方式,似乎成了改革阻力最小,能使所有人满意的最佳方案。但在这样的情况,公平性就成了典型的缺失。在难以保证公平的情况下,绩效工资政策的实施效果也必然难以保证。

3)实施效果

绩效工资政策的主要目的就是通过对教师收入的调整产生激励作用。在财政经费能够保证绩效工资政策顺利实施的情况下,可以看到上述两校教师的收入的确得到了一定的提高,但从两校教师均认为:"还未达到政策要求的'公务员工资水平'"。对于原先收入就比较高的 A 校而言,收入的提高水平和对生活质量的改善均不如原先收入较低的 B 校教师显著,但从政策的功能来看,体现了"向农村教师倾斜"的政策导向,以及"区域内教师收入水平的平衡"。然而在调查过程中,两校教师均认为:"收入的增减是次要的,无论穷富都要继续工作不能因为收入低了就不教书了。更重要的是,这项制度对于教师心理的影响是巨大的,会让教师对工作的价值和意义产生新的认识。"更有教师提到"无论是制度本身还是实施的过程,乃至收入分配的最终结果,都会对教师的工作生活产生一定的影响"。通过调查,可以发现这些影响主要表现在三个方面:对工作价值意义的重新思考,对学校管理方式的重新认识,对自身工作态度的转变。

首先是引发了教师对自身工作价值意义的争议。一方面,地处农村的 B 校教师认为:"绩效工资政策体现了上级对教师的关怀,提高了收入,就应更加努力的工作才对得起这份职业。"然而,更多的声音则是质疑绩效工资政策对教师工作动机的扭曲。A 校一位毕业班教师提到:"无论工资多少,我们以前教书都是凭良心教书。现在用工资一衡量,反而把我们搞糊涂了,难道教书育人的成绩是能拿金钱来衡量的吗?像毕业班的工作,难道因为没有工作量我们就不给学生补习、辅导、谈话了吗?"也有教师提到:"绩效工资的分配太硬性,没有考虑到教育工作的人性化,这样会使教师的职业道德发生转变,漠视育人而崇尚金钱。"由此可见,对于农村教师来说,绩效工资能够增加收入切实改善生活水平发挥货币工具性功能的情况下,是能够带给教师激励作用的。而对于收入按原先就较高的教师来说,当绩效工资主要体现的是象征性功能反映绩效高低时,会让教师对精神层面的追求相对更高一些,对绩效工资的作用产生质疑。大量的经济学、心理学乃至社会学的研究都对金钱的意义进行过探讨[209-211]。根据 Mitchell 和 Mickel(1999),金钱具有三个维度:情感性、象征性和行为性。情感性是指人们如何看待金钱,一些人认为金钱很重要、有价值和吸引力;而另一些人则认为金钱并不是很重要。象征性则考虑到了人类赋予的金钱带来的价值观的属性,如地位和权利,以及别人的尊重,也可以用来指对别人的努力和成就的认可,从而加强了员工的职业道德。行为性的维度则是指具体的行为,如存钱或投资。金钱能够用于商品交换意味着金钱能够使人们获得想要的生活。综上,金钱具有工具性和象征性的激励功能。当货币体现为工具的功能时,会因其满足了生理或心理的需求而产生激励作用。然而,当货币更多的反映其象征性时,会产生社会比较的信息,会使人们更渴望获得社会生活价值层面的认可(如社会地位)[212]。作为这些工具性和象征性的功能,工资能够同时满足低级和高级的需求[213,214]。从上述教师的反映来看,绩效工资政策能够发挥其货币的工具性功能时,也就是真正对教师的生活水平产生影响时,能够对教师的工作动机产生积极地作用。而在绩效工资只能起到象征意义时,则会使教师在对精神层面的追求更为复杂,这样绩效工资就不一定能产生激励作用。因此要注意对教师职业道德教育的加强,以免其误以为工作完全是以金钱为导向的。

其次,绩效工资政策导致了教师对领导的看法及其关系的变化。有教师提到:"当听到绩效工资改革要进行时,我们一线的老师满怀憧憬,但随着分配方案的出炉,我们的希望在政策的执行者手中慢慢地破碎;学校强行通过的一份教师绩效工资改革方案对普通教师有失公允"。"绩效工资明明是应该向一线老师倾斜的,但从学校拟定的实行方案中,我们也感受不到这种倾斜,反而学校领导层的工资涨了不少。""绩效工资代表了对我们工作的认可程度,如果评价和分配不能保证公平,说明领导要么无能、要么存有私心,谁还愿意努力的工作?"上述言论一定程度上反映了教师们对绩效工资实施过程中出现的不公平现象的不满。由于我国中小学大多实行"校长负责制",因此学校制度的制定很大程度上体现了校长的意愿,尤其是绩效评价和工资分配这样的敏感话题上,"校长把着关键的风向标。"而校长们也如坐针毡,如履薄冰。A 校校长如是说:"如果绩效工资方案有失公允,教师们会把矛头直指我,处理不好的话会影响到正常的教学秩序,已经有些学校因为此事搞的老师罢课了。"在这样的压力下,校长们一般都会采取折衷的办法,更多的体现"平衡"。在制定绩效工资分配方案的过程中,如果校长和教师们沟通的比较充分,教师对实施方案的认可度高,觉得校长对自己很公平,那么教师对校长也会更加信任理解,今后的工作也会更加主动配合上级。反之,如果教师们认为绩效工资方案不公平,会直接对校长产生怨言,认为校长有失公允,从而产生不满甚至怨恨的情绪,进一步可能会对自己工作乃至学校的工作产生不良影响。

第三,绩效工资政策会导致教师工作态度的改变。绩效工资作为典型的经济激励手段,将主要体现金钱的工具性和象征性作用。当绩效工资产生金钱工具性作用时,收入的增减会对教师的物质条件改善起到重要作用。收入增加的教师当然会因此而感到欣喜而更加喜爱自己的工作,努力工作以得到更高的收入,而收入降低或未提高到预期增加值的教师将或多或少会有些失望,影响到工作的情绪,但为了提高收入改善物质条件,则会改变工作态度想方设法改进绩效增加收入。而在绩效工资发挥金钱的象征性作用时,教师们会对收入的增减产生比较,进而影响到自己的"面子"。如 A 校的教师提到"其实大家都在努力工作,绩效工资却要拉开差距尤其在收入上有差异,绩效排名好奖得多的老师固然高兴,但排名靠后的老师则会觉得很没面子,觉得辛辛苦苦的工作却比别人挣得少,既然挣得少了还不如轻松点。"如果没有较高的职业道德和思想觉悟,很难想象收入减少的老师依旧能够保持较高的工作热情和主动性。由此可见,绩效工资政策必然会导致教师工作态度的变化。

综合上述案例分析,可以看出义务教育教师虽然对绩效工资政策普遍是呈欢迎态度的,但他们更多的疑虑在于政策是否能达到真实的效果,目前在现实中政策的功能还未能充分体现的情况下,对教师的激励作用也就难有定论。但尽管如此,该政策特有的经济性的功能已经对教师的工作动机和态度产生了一定的影响。另一方面,政策实施中的公平性问题已成为教师们关注的焦点,由于一些学校未能保证教师在政策执行中的广泛参与和知情权,导致学校教师与领导关系紧张乃至耽误工作的情况也时有发生。因此,政策实施过程中的公平性是影响教师心理和工作态度的关键因素之一。

3.1.2 模型要素选择

(1) 绩效工资政策的关键要素

政策过程理论强调对政策的系统性认识,即不仅仅从政策设计本身进行分析,还要对政策的执行、效果的评估等方面进行整体性的分析,才能实现对政策的分析。政策从形式上来看是一系列制度的组合,因此对政策的分析实质上是对制度的分析。诺斯认为"制度是个社会的游戏规则,更规范的讲,它们是为人们的相互关系而人为设定的一些制约"[50],他将制度分为三种类型即正式规则、非正式规则和这些规则的执行机制。正式规则又称正式制度,是指政府、国家或统治者等按照一定的目的和程序有意识创造的一系列的政治、经济规则及契约等法律法规,以及由这些规则构成的社会的等级结构,包括从宪法到成文法与普通法,再到明细的规则和个别契约等,它们共同构成人们行为的激励和约束;非正式规则是人们在长期实践中无意识形成的,具有持久的生命力,并构成世代相传的文化的一部分,包括价值信念、伦理规范、道德观念、风俗习惯及意识形态等因素;实施机制是为了确保上述规则得以执行的相关制度安排,它是制度安排中的关键一环。这三部分构成完整的制度内涵,是一个不可分割的整体。

绩效工资政策作为组织对员工的一项激励手段,得到了越来越多类型组织的重视和普及,并设置相应的规章制度对其加以规范。本研究中的绩效工资政策首先是从国家层面颁布的有关义务教育教师绩效工资的宏观性制度,由于我国地域辽阔且各地经济发展水平不一,学校的等级与规模也差异较大,因此颁布的此项制度主要体现绩效工资分配的主要原则,不可能统而化之。具体的执行则需要各级各类学校在国家政策的指导下,根据自己所在地区整体情况进行实施细则的制定和执行。政策过程理论中,学者们强调整个政策生命包含一系列将经历的功能性的时期或阶段,包括政策被提议、设计、实施、评估和终止。每个阶段都有着与众不同的特点和风格,有单独存在的价值,也可能互相融合[61,69]。根据我国义务教育教师绩效工资的发展历程来看,目前政策经过提议和设计的阶段,刚刚开始实施阶段,政策效果还有待更长的时间进行评估和反思。综上,本文认为当前有关事业单位员工绩效工资政策的研究,应主要聚焦于政策立场的前半部分,即政策设计和实施。政策设计主要指对政策宏观原则的制定,主要体现政策的功能和在现实中的具体可行性,对后期的各项工作都起着重要的指导作用。对于绩效工资政策而言,货币奖励的经济性则是该政策现实性中最突出的功能。政策实施则是指绩效工资政策在具体单位的实施,即在义务教育学校层面的实施,由于实施办法是由各个学校具体制定并执行的,因此学校的实施是使政策产生作用的关键环节。而在实施过程中,公平感则是受到学者们较多关注的要素。综上,本文选择政策设计中的现实性和实施中的公平感作为绩效工资政策的关键要素,并进而探讨这两个关键要素对教师内在心理和工作的影响。

(2)内在心理变量的选择

1)公共服务动机

近年来在西方公共管理研究领域,公共服务动机理论已成为研究的热点问题,这标志着公共管理的研究已不仅仅局限在外部制度环境的建设,而更多地倾向于组织内部的动因分析。系统研究外部管理制度对我国公共事业单位工作人员的心理产生的影响和机制,既是深入推进公共事业单位内部管理改革的迫切要求,也是进一步提高公共服务绩效水平的重要手段。以往的公共服务动机相关文献以及案例分析中,均认为公共部门工作人员的公共服务动机是与私人部门员工有差异的。该理论认为公共部门因其工作性质的公共性和组织目标的公益性,决定了工作人员的不同心理需求,较之私人部门的员工而言相对不看重报酬,而是有更强烈的"利他动机",即更乐于帮助他人或热心公益事业。因此,研究绩效工资对公共服务人员的内在心理,尤其是公共服务动机的影响,具有重要理论价值。

本文的研究对象是我国义务教育教师,典型的公共教育服务的提供者,教师行业更有着其特殊的职业规范和要求。早在春秋时期孔子就在《论语》中阐述了"默而识之,学而不厌,诲人不倦"等师德标准。之后的百家争鸣时期,荀子、墨子、孟子等在强调教师要以身作则的同时,又提出教师须具备的四个条件:"尊严而惮""耆艾而信""诵说而不陵不犯""知微而论",实际就是在德行、信仰、能力、知识等方面对教师提出了更高的要求。一旦从事教师这一职业,也就同时承担着与之相应的社会责任,并同他所从事的教师职业利益紧密地联系在一起。这种基于教师职业整体利益的认识,有助于促进教师对于具体社会义务的自觉责任。这种自觉责任可以逐步形成教师所特有的职业道德,并进而升华为职业精神,因此在对教师的描述中不乏"自我牺牲""奉献精神"等特点的描述。而这些都与 Perry 和 Hondeghem (2008)将公共服务动机界定为一个人以为他人和社会做好事作为服务目的的价值取向[215],以及对公共服务动机的分析如"自我牺牲精神""同情心""公共利益的承诺"等纬度相一致。因此,公共服务动机是能够反映教师内在心理的重要变量,也是研究绩效工资政策对公共服务人员心理影响机制中不可或缺的变量之一。

2)领导成员交换

领导成员交换社会交换理论认为,所有的交换关系都可以分为经济交换(economic exchange)与社会交换(social exchange)两种类型。经济交换是建立在利益得失算计的基础上的,利益得失会影响双方的交换行为;而社会交换关系的本质则是以信任和善意为基础,付出者主要不会考虑眼前利益,而是预期对方在未来会以履行义务的方式来回报。这种基于双方互惠互利发展起来的关系,有时会超越明确规定的契约关系。可以看到,经济交换具有短期性特征,而以信任和双赢为基础的社会交换具有长期性特征。

绩效工资政策效果的好坏,很大程度上取决于实施机制的保障。领导风格是因人而异的,但无论是何种领导风格,都会因绩效工资政策实施方案的制定和分配结果让教师对领导产生自己的看法,而这种看法一定程度上则会决定教师与领导的关系。因此,领导成员交换则是绩效工资政策实施过程中可能产生另一关键内在心理变量。

3)工作投入

随着积极心理学和积极组织行为学研究的兴起,工作投入成为组织行为学和人力资源管理领域新的研究热点。工作投入(job involvement)是指一个人对其本职工作的积极主动的态度和热爱迷恋程度[217]。它不仅仅涉及到企业员工的心理、行为层面,还与组织绩效密切相关,被视为是激励员工的关键因素。从组织的角度看,增加工作投入可以使一个人更加全力以赴地投入工作,并使工作更有意义,从而提高组织的效率和生产力。从个体的角度看,对大多数人来说,工作活动消耗了大部分时间,构成了生活质量的最根本最重要的部分;人们可能愉快地投入工作,也可能从情感上疏远其工作。因此,一个人的工作投入极大地影响其整个的工作和生活质量[218]。教师的工作投入是指教师对其本职工作的积极主动的态度和热爱迷恋程度,它不仅影响教师自身的生活质量及专业成长,更会影响学校的教育质量及学生的健康成长。因此,探讨教师工作投入的影响因素,具有重要的理论价值和实践意义。

3.2 绩效工资政策对教师工作投入的影响分析

3.2.1 绩效工资政策现实性对教师工作投入的影响

政策设计中往往需要对政策的现实目标进行详细阐述,使利益相关者体会到政策在现实中的可实现程度及途径。而在表述过程中,如果含糊其辞模糊不清,将使被实施对象对政策产生困惑,严重时可能导致误解而对政策产生抵触情绪。因此,应在政策内容的阐述上尽量清晰明确,消除理解上的歧义。即使宏观政策由于要考虑到地区差异而不能定太细的标准"一刀切",也要能够给予清晰明确的原则指导以及细则制定方法,以指导执行部门的下一步工作。绩效工资政策也是如此,应对工资分配的标准和绩效考核的方法都予以界定,才能使政策执行者和被执行者即教师都明确政策目标可能实现的方法和结果,了解努力的方向和关键点,进而对个人的心理和行为产生影响。另外,政策设计还应贴近实际,具有较强的可行性和操作性,才能保证政策目标的实现,对政策执行者起到真正的指导作用。总之,政策本身所具有的目标、内容的清晰性和可行性,都是影响教师工作态度的重要因素。

由于中小学教师主要提供的是公共教育服务,对于整个国家的国民素质和知识水平的提升都起到重要作用,因此要求教师自身具备较好的思想修养和职业道德水平。国外已有研究对公共部门员工和私人部门进行比较,认为公共服务人员具有较高的公共服务动机,而金钱等经济奖励对其的吸引力较低。心理学家也曾探讨过薪酬激励等外部动机在一定程度上会抑制或削弱内在动机。而在现实中,当人们感受到国家对其工作的重视并颁布相应政策时,一般会产生对自身工作的自豪感,更加热爱自己的工作从而努力工作。尤其对于工作得到肯定并获得绩效奖励的教师,会因此认识到自己的努力会有相应的回报,而更加努力工作保持或提高自己的工作绩效。对于未得到绩效奖励的人,要么会感到惭愧而努力工作,要么会抱怨而"破罐子破摔",但更多的人基于自身尊严的需要,都会更加努力的工作以免落后。由此可见,政策本身会对教师的内在公共服务动机产生一定影响,从而改变其工作投入水平。

3.2.2 绩效工资政策公平性对教师工作投入的影响

政策的效果很大程度上取决于政策实施的水平,一项好的政策如果得不到正确的执行,也体现不出政策的优点,反之,如果政策本身还不是很完善,但通过科学合理的实施可能一定程度上会弥补政策的缺陷。绩效工资政策也不例外,在国家层面宏观的政策性框架建立之后,各地都将在此政策指导下根据地区经济发展水平、物价水平、岗位职责等因素制定具体标准和实施细则。而在地方层面,政策执行过程中涉及的参与者和利益相关者则较为复杂。首先,占绩效工资总量70%的基础性绩效工资由县级以上人民政府人事、财政、教育部门确定,一般按月发放;然后,由学校在体现工作量和实际贡献等因素的基础上,制定考核办法和工资分配方式与办法;接着,要求学校制定绩效工资分配办法过程中要充分发扬民主,广泛征求教职工的意见;最后,分配办法由学校领导班子集体研究后,报学校主管部门批准,并在全校公开。在此过程中,涉及当地多个关键政府部门,学校领导,和教职员工参与,然而作为最直接的利益相关者——教师,其在决策中的参与性和重要性最小,只能是被动的接受政策。因此,上级政府部门和学校领导如果不能设身处地的为教师着想去制定政策执行方案,教师对政策的满意度必然降低。

在具体执行过程中,由于文件规定"教育部门要制定绩效考核办法,加强对学校内部考核的指导。学校要完善内部考核制度,根据教师、管理、工勤技能等岗位的不同特点,实行分类考核。根据考核结果,在分配中坚持多劳多得,优绩优酬,重点向一线教师、骨干教师和做出突出成绩的其他工作人员倾斜",因此奖励性绩效工资主要体现在绩效考核上,这也是政策执行过程中最为关键和复杂的环节。绩效考核是一个普遍性的难题,客观上由于教师工作的特殊性,奖励性绩效的许多方面难以量化,不容易找到衡量的载体来体现教师工作的数量和质量。这种情况下,如何保证绩效考核的公平性尤为重要。

在组织中,成员时常将自己的投入和产出之比与他人进行比较,希望自身的投入能获得相应的认可和回报,这样组织成员就能体验到一种公正。Thibaut 和 Walker(1975)提出了程序公正的概念,更强调分配资源时使用的程序、过程的公正性。他们发现,当人们得到了不理想的结果时,如果认为过程是公正的,也能接受这个结果[82]。换句话说,假如组织成员认为他们能控制做决策的过程(如可以提出自己的证据、有机会表述自己的意见),他们的公正感就会提高。该研究发现,由于分配的绝对公正不可能实现,因此只有保证组织成员对绩效评估过程公正性的信服,才能更好地促进成员积极地改进自己的绩效水平,努力提高自己的专业技能,最终实现整个组织绩效的提升。而在实际执行过程中,由于中小学都普遍实行"校长负责制",因此校内的决策如奖励性工资发放和绩效考核办法等都主要由校长率领的领导班子制定,大部分学校的教师都只是在方案制定出来后参与意见的征集,而提供的意见是否采纳也最终取决于校长等关键领导。在这种情况下,学校领导在制定方案过程中吸纳教师参与的程度会直接影响到教师对绩效工资政策的公平感,进而会影响到教师对领导的看法,以及自身的工作态度和行为。因此,有些学校由于在制定绩效考核和工资分配方案是主要是行政人员参与,教师参与的较少,导致对行政人员的倾斜和对教师考核的简单化、机械化,造成教师与学校的关系紧张,引发诸多矛盾。按照学校工作的基本特点,奖励性绩效工资应该包括班主任工作、超课时补贴、教学效果、师德建设、教师专业发展等多方面的要素,如果不多听取教师的意见,必将难以保证公平和教师的认可,影响到教师的工作投入程度。

虽然国家从义务教育教师开始实行绩效工资政策的目的是多方面的,但一般而言多数教师认为绩效工资政策是提高其待遇和社会地位的主要途径,因此对政策实施后的收入变化较为期待,使得分配结果的公平性也尤为重要。然而,经济性的奖励是最易引起争议和不满,即使有绩效考核结果做依据,也难以得到所有人的认可和满意。由于现行政策中要求只发70%的基础性工资,另外30%的奖励性工资在考核后根据考核结果发放,不少教师在未拿到奖励性工资的时候,往往会觉得工资水平未升反降,并且还会认为"拿自己的工资(30%)奖励给别人"。由此可见,奖励性工资的分配一定要做到依据充分公平合理,让教师觉得心服口服,否则对于教师的工作积极性也会有一定的影响。

3.3 假设的提出

3.3.1 绩效工资政策与工作投入

(1) 绩效工资政策现实性与工作投入

政策的现实性(practicality)是指政策是否切实可行,以及与政策目标的一致性。Doyle 和 Ponder(1977)认为政策的手段、一致性、成本构成了政策现实性的概念[99]。如果政策的实施过程让教师感到焦虑,那么即使他们同意实施议程也会认为这项政策是消极的[5],而政策在现实中的功能性必须要能够实现政策的预定目标。政策目标在现实中的实现对政策实施对象的心理产生着重要影响。义务教育学校绩效工资政策是我国事业单位工资制度改革的关键一步,由于我国事业单位类别较多,涉及教育、卫生医疗、科研、出版等诸多行业,不同事业单位之间的性质和市场化程度差别很大,因此在推进事业单位的工资制度改革是具有很大难度的。在制定义务教育学校绩效工资政策前期,国家相关部门用了一年的时间来调研论证,广泛听取各方面意见之后才拟定了总体的政策。2008年12月起,国务院颁布《关于义务教育学校实施绩效工资的指导意见》,教育部紧接着出台《关于做好义务教育学校教师绩效考核工作的指导意见》,文件中明确提出,义务教育学校教师的绩效工资分配将以绩效考核结果为主要依据,建立符合教育教学规律和教师职业特点的教师绩效考核制度[219]。由此可知,绩效工资政策的出发点在于以绩效工资来提升教师的社会地位和工作绩效,关键点在于建立与教育教学规律和教师的职业特点相适应的绩效考核。上述政策目标对教师对于该项制度的认知和接受程度都起着重要作用。当教师认识到国家对其工作的了解和重视,以及提高教师待遇和社会地位、深化工资制度改革的决心,大多会对国家出台的政策表示欢迎,并对自身的工作产生一定的自豪感,希望通过进一步努力工作得到国家政策的有力支持。因此,对政策现实性的认知会对教师的工作投入产生重要作用。

绩效工资政策在现实中的操作,主要体现在绩效考核和工资分配的可行性上,让教师能够看到政策目标实现的途径和可能性;而与政策目标的一致性,则具体是指是否实现了按劳取酬、优绩优酬的原则和对教师的激励作用。Kahn(1990)指出个体的工作投入感会因获得利益的不同而不同,外部的奖赏和认可将促使其更努力的工作[186]。Maslach(2001)也在研究中提出缺乏报酬和认可将导致工作倦怠[188],因此对工作投入而言适当的认可和奖励是很重要的。基于上述分析,本文提出如下假设。

假设1 绩效工资政策的现实性对教师的工作投入呈显著正向影响。

(2) 绩效工资政策公平性与工作投入

在 Perry 和 Engbers 对 1977-2008 年之间共 57 篇关于绩效工资的研究进行回顾时,总结出有大量的研究认为雇员们通常认为绩效工资的实施是不公平的[55]。Hatry(1981)的研究通过对四个城市的公共部门调查发现绩效工资的实施导致了员工的不公平感[104]。Gabris(2000)指出"员工对绩效工资是否接受的核心问题是整个评价过程是否公正并且有效"[220]。Brown(2001)调查了澳大利亚公共部门研究机构的3335名工作人员后得出结论:程序公平与绩效工资支持的关系最密切,紧接着是市场比较、工作安全性和监督性评价排名[38]。上述研究都说明了员工的公平感是绩效工资政策成功实施的最重要因素之一。因此,领导们应不仅仅关注整个政策系统的目标和结果,还应注意绩效工资政策实施中的公平性[221]。

公平性一般包括程序公平和分配公平,源于亚当斯的公平理论[81],但进一步由 Greenburg(1987)在组织公平理论中进行了细化分类[83]。分配公平是指员工获得经济补偿数量的公平感知,这是绩效工资的重要部分。程序公平是指对决定这些数量过程中使用的方法和工具的公平感知[133]。Gabris(2000)认为上述两种公平感都很重要,决定了绩效工资政策的成功与否[220]。分开来考察,两种公平感都分别与工作满意度正相关[221]而与离职倾向负相关[222]。尽管组织公平理论认为每一种公平都会对个体和组织的产出有一定影响,但在绩效评价的背景下,程序公平受到的关注更多一些。已有研究证明程序公平对员工的态度和行为的影响要比分配公平、人际公平和信息公平更强烈[223-225]。

根据 Maslach(2001)的工作投入研究模型,导致工作投入和倦怠的主要因素有六个方面:公平感、工作压力、控制、报酬与认可、组织和社会支持,以及价值观[188]。员工们在感知到公平时往往认为组织会提供给他们足够的资源以实现工作目标,这种资源的可获得性会大大提高员工的工作投入程度[181]。日本的学者 Inoue 等人(2010)也验证了组织公平与工作投入有显著的正相关[226]。国内研究中张轶文通过对教师的调查也发现公平感对教师的工作投入有显著正向影响[227]。因此,本研究提出如下假设:

假设 2　绩效工资政策的公平感对教师的工作投入呈显著正向影响。

具体地,绩效工资公平感包括程序公平和分配公平。程序公平主要反映工资制度实施过程的公平性,工资分配的程序公平通常与教师的参与程度有很大关系,当教师感知到工资分配过程公开公平合理则会增强其对组织的信任而努力工作,进而提高其工作投入程度。而分配公平代表了工资分配结果的公平性,绩效工资的多少能够体现教师绩效程度的高低,当教师认为自己的收入与付出的劳动成正比时,会更加愿意努力工作以获得更多回报。因此,上述假设可以细化为:

假设 2a　绩效工资政策的程序公平对教师的工作投入呈显著正向影响。

假设 2b　绩效工资政策的分配公平对教师的工作投入呈显著正向影响。

3.3.2　公共服务动机对绩效工资政策与工作投入的中介作用

(1) 绩效工资政策与公共服务动机

绩效工资作为典型的薪酬激励制度,是引起个体产生外在动机的重要形式,而公共服务动机则因其重视精神等内在心理追求属于典型的内在动机。在心理学研究领域,外部动机和内部动机的关系上长期以来存在大量争论,Deci 等人在 20 世纪 79 年代的的实验研究认为外在动机会削弱内部动机,奖励会降低员工的自主感和内在动机;但随后的现场研究又进一步发现两种动机中的部分内容是可以共存的,外部动机对内在动机所产生的削弱或促进的影响是由外部动机的类型决定的[19]。到了20世纪90年代中期,Eisenberger(1996)等学者的元分析研究结果又发现外在动机对内部动机的任何削弱效果都能够避免,甚至可以促进个体的创造性行为[20,228]。研究结果的分歧预示出绩效工资与动机关系的复杂性,由于公共服务的独特性,使得现有对私人部门动机的认识不能完全迁移到公共服务领域中[20],因此需要深入到公共服务人员的行为动机层面进行深入考察。绩效工资是通过政策的制定和实施完成的,而绩效工资对个体心理的影响主要是体现政策的设计、实施以及效果等方面的影响。

Tuyten将绩效评价政策归纳为三个特性:需求性反映政策是否有必要存在,清晰性是指政策的清晰程度和实施工具与程序是否完备,现实性体现政策的可行性、以及效果与原目标是否一致[99]。这三个特性一定程度上反映了政策设计时都需要考虑的内容,而其中现实性最为重要,也就是如何将较为宏观的政策目标落到实处。例如绩效工资政策的目标之一"依法保障和改善义务教育教师特别是中西部地区农村义务教育教师的工资待遇",具体反映在现实中则是"教师平均工资水平不低于当地公务员平均工资水平"。因此绩效工资的现实性更多体现的是用金钱奖励的作用。然而,早期的研究都证实了公共服务动机与金钱奖励负相关的关系[229,230]。大量的公私部门比较研究表明公共部门员工较少被金钱报酬所打动,而更多的是因其内在报酬如帮助他人的机会等驱动[231,232]。这与Deci和Ryan(2004)关于动机自主性的研究不谋而合。即使是在校的期望进入公共部门工作的大学生也会表示他们比原已进入私人部门工作的同学而言,对金钱的兴趣更低一些[16]。上述研究以及已发现的政府公务员收入与公共服务动机不显著的关系的研究[233],都说明金钱奖励不会产生或削弱人们公共服务的愿望[116]。动机拥挤理论认为:内外部动机对绩效都有直接影响,外部动机对内部动机具有拥挤效应,但是拥挤效应的效果是积极还是消极,取决于个体对外部激励的认识,如果认为外部激励是一种操控手段,内部动机就会削弱,如果认为外部激励是一种激励,内部动机就会增强[234]。而在公共部门则意味着较高的公共服务动机,使用绩效工资可能会存在风险[235]。因为公共部门员工更重视工作的性质,如利他、助人等,较少受外部物质奖励诱惑。公共服务动机在本质上是一种内部动机,绩效工资可能与这种内部动机存在冲突,也就是说,绩效工资的风险可能就是不仅没有增强动机,反而改变了动机的性质,由内部动机变为外部动机,导致激励撤销后动机缺乏,或者更加依赖外部激励。当绩效工资政策的现实性强度不够时,金钱奖励仅仅会被视为一种操控手段,因此会降低员工的内在动机,公共服务动机也会被削弱,而当金钱激励上升到一定阶段,满足了人的基本需求,发挥了金钱的工具性作用,进一步就会体现金钱的社会性作用,即对精神的追求,这时绩效工资的现实性体现在不仅仅是经济的激励,还有对教师尊严的认可,公共服务动机就会得以增强。由此可见,绩效工资政策的现实性对教师的公共服务动机将起到先抑后扬的作用。基于上述理论分析,本文提出如下假设:

假设3:绩效工资政策的现实性对教师的公共服务动机呈显著的U型曲线关系。

Folger(1998)认为公平和道德相关,会触及人类的某些基本品质,人们希望在一个公平的世界里成为一个有道德的行动者[236]。个体的道德准则与责任主体在实际事件中体现的道德准则进行比较时,会遵循一定的道德哲学。在Folger看来,一般有两种道德哲学供人们选择:①利他主义,利他主义是以结果或功利为导向的,强调道德行为应该为大多数人争取最大利益;②形式主义,行为因为它本身而存在,强调的是自由人的行为和选择。研究表明,利他主义的管理者关心的是分配公正,而形式主义管理者强调程序公正。在公共服务动机的研究中,虽然Brewer认为公共服务动机是一种混合动机,既包含利他动机又没有完全否定自利的动机[117]。而大多数学者都认为公共服务动机更加强调超越自利的利他动机,他们对帮助他人、做对社会有意义的事情等利他行为更感兴趣,肯定了人们追求公共利益和从事有意义的公共服务行为的动力。由于对公平的感知会触动更强烈的利他主义和形式主义,也会在一定程度上引发人们的公共服务动机。Perry在研究中认为公共服务动机包括理性动机、规范动机和情感动机三种类型,其中推动个体从事公共服务的动机不仅仅来自于愿为他人服务的利他动机、还来源于强烈的社会责任意识和社会公正感,进一步强调了具有较强公共服务动机的人们对社会公平的关注。Perry(1997)在分析公共服务动机的前因变量时还指出宗教之所以成为人们产生公共服务动机的重要因素,就是因为人们在信仰上帝时所接触的情境因素会使人们获得更多的对爱、同情和对和平与公平的向往,从而能够形成较高的公共服务动机[132]。由此可以推断,公平感知越强烈的人具有的公共服务动机也就可能越强,在绩效工资政策实施中,其过程和分配结果的公平性也是与教师的公共服务动机相关的。政策实施的程序越公平,教师会认为自己越受到重视,进而产生更强的公共服务动机。同样当政策产生的绩效工资分配结果越公平时,教师们会认为自己的工作能够得到认可并得到合理的补偿,因此会更加热爱自己的职业产生更强的责任心,从而努力投身于公共教育服务事业,产生更强的公共服务动机。基于上述分析,本文提出如下假设:

假设4:绩效工资政策的公平性对教师的公共服务动机呈显著的正向影响。

假设4a:绩效工资政策的程序公平对教师的公共服务动机呈显著的正向影响。

假设4b:绩效工资政策的分配公平对教师的公共服务动机呈显著的正向影响。

(2) 公共服务动机与工作投入

公共管理的实践者和研究者都认为公共部门的员工较私人部门员工而言具有更高的公共服务的规范和情感[115]。这些具有较高公共服务精神的人拥有较高水平的公共服务动机,而高公共服务动机的人则会对工作投入更多的精力和努力[116,235]。大量研究已经表明,作为一个整体概念的公共服务动机,能够影响到与工作相关的很多态度与行为变量,如工作、离职意向、组织承诺领导行为、工作绩效[48,237-239]和组织绩效满足感等[240],以及组织外态度与行为,如利他、对政府的信任、为国家和公众服务、公共参与和政治参与[215,240,241]等。由此可见,公共服务动机对工作态度及行为的影响是毋庸置疑的。另一方面,工作投入的研究中,有学者认为个人特点和工作特点都会对工作投入产生影响。个人特点包括性格和动机,而工作特性则会包括工作的挑战性、丰富性、以及做出贡献的机会[186]。如 Wright 所言,公共服务人员的工作性质决定了其拥有更高的公共服务动机。更加注重为民众做出贡献的机会。因此,由于公共部门所具有的这种特殊的工作特点,公共部门员工的公共服务动机会对其工作投入产生显著影响。基于上述分析,可提出以下假设:

假设5:义务教育教师的公共服务动机对其工作投入呈显著正向影响。

综上,可以看出绩效工资政策可能是义务教育教师公共服务动机的重要前因变量,其中政策设计的现实性和政策实施的公平性都会对其公共服务动机产生影响,但影响的方向是有差异的,这主要是由政策的复杂性和公共服务的特殊性所造成。但无论是正向还是负向的影响,公共服务动机最终会从个体的态度和行为中表现出来。当教师对绩效工资政策感到满意时,会进一步促进其公共服务动机的提升,进而增强教师工作投入的程度;而如果教师认为绩效工资政策并未带来较好的经济收益,或者由于政策实施中由于程序或结果上的不公平都会导致教师对该政策的反感,导致起自身工作性质的怀疑,认为努力工作没有必要而降低了其公共服务动机,自然也会导致其工作投入程度的减少。由此可提出如下研究假设:

假设6:公共服务动机在绩效工资政策与教师工作投入的关系中起到了中介作用。

假设6a:公共服务动机在绩效工资政策现实性对工作投入的影响中起到中介作用。

假设6b:公共服务动机在绩效工资政策公平性对工作投入的影响中起到中介作用。

3.3.3 领导成员交换对绩效工资政策与工作投入的中介作用

(1) 绩效工资政策与领导成员交换

薪酬激励源于社会交换理论,这一理论主张人类的一切行为都受到某种能够带来奖励和报酬的交换活动的支配,因此,人类一切社会活动都可以归结为一种交换,人们在社会交换中所结成的社会关系也是一种交换关系[90]。Blau认为:"只有社会交换才能造成人际间的义务感、互惠感和信任;单纯的经济交换做不到这一点。"因此在交换过程中不应仅仅关注经济交换产生的后果,还应对交换时人际间情感交换产生的结果进行研究。在社会交换理论中,领导成员交换(Leader – Member Exchange, LMX)理论已引起了心理学界、管理学界的高度关注。在现实情景下,领导对待下级的方式的确存在差异,而且领导成员交换理论通过分析领导与成员之间的不同交换关系,也为分析领导者效能改善、团队绩效提高的路径提供了理论依据和实践指导。一般领导风格理论似乎只能从经验的角度,事后总结成功领导者的特征,对领导者的自身完善的指导性比较弱。领导一成员交换理论不是仅从领导或个体成员单方面出发,而是将领导与成员的二元互动关系作为研究对象。比较而言,领导—成员交换理论相对于传统领导理论更具有实证指导性。领导成员交换理论几经演化,1995 年 Graen 和 Uhl - Bien 在一篇综述性文献中将其定义为"领导成员之间基于关系的社会交换",这一定义强调从领导成员关系的角度来理解,并且把这种关系的性质归结为"社会交换"[139]。

绩效工资政策的现实性实际上反映的是绩效工资政策目标的实现程度。由于我国义务教育教师绩效工资政策的主要目标是"改善义务教育教师特别是中西部地区农村义务教育教师的工资待遇,提高教师地位,吸引和鼓励各类优秀人才长期从教、终身从教、促进教育事业发展",因此政策现实性的高低主要看教师经济收入和地位是否得到提高,及原定目标是否得以实现。由于义务教育教师工资收入的具体标准主要是由各地方教育管理部门和学校领导根据实际情况制定出来的,如果收入标准制定的不合理或执行的可行性较差,则难以达到预定目标,说明政策的现实性功能未能实现,导致教师质疑领导的组织管理和决策能力,从而降低教师对领导的信任产生对领导的不良看法,这种存在隔阂的与领导的沟通自然减弱了领导成员交换质量。不少学者探讨绩效工资或评价活动中不同要素如目标设置、结果使用等与领导成员交换的关系[177],例如 Klein(1998)通过案例研究发现在有限的条件下,领导成员交换和目标承诺之间有显著关系[102],也就是说目标的实现程度会影响到领导成员交换质量的高低。由此,可提出如下假设:

假设 7:绩效工资政策的现实性对教师的领导成员交换质量呈显著正向影响。

人是社会性的动物,渴望与同类之间建立紧密的联系,得到群体尤其是权威的接纳。公平对待能够让人们在工作中关系更密切,促进工作中的合作。Masterson 等人发现互动公平促进高质量的 LMX 关系[242];Konovsky 和 Push(1994)发现程序公正提高了工人们对管理层的信任[243]。Gerstner 和 Day 也在综述中总结到,领导成员交换对员工的工作满意感、组织承诺、工作绩效、组织公民行为、跳槽意图等变量都有显著影响[149]。我国学者在对国外 LMX 的研究进行综述总结的基础上[244,245](钟建安,2003;任孝鹏,2005),也开展了大量的实证研究,如 LMX 对沟通满意感、员工绩效、组织承诺等变量的影响[147,246]。而研究中争论较多的则是公正感与 LMX 的因果关系探讨,虽然 Bhal(2007)将公平感作为 LMX 关系影响成员行为的中介变量予以考察[247],但也有学者认为公平感是影响 LMX 的重要前因变量[175]。针对薪酬分配中的公平感,更多学者认为它会影响 LMX[164,248],因为只有当员工感到获得的评价与收入是公平的,他们才愿意同领导建立更密切的关系并产生较高的领导成员交换质量[249-251]。虽然上述研究可初步看到绩效工资政策实施的公平性与 LMX 有密切联系,然而迄今为止面向公共服务人员的研究尚不多见,因此进一步研究 LMX 在公共服务人员绩效工资政策影响机制中的作用具有重要意义。基于上述理论分析,本文提出如下假设:

假设8:绩效工资政策公平感对教师的领导成员交换质量呈显著正向影响。

假设8a:绩效工资政策程序公平对教师的领导成员交换质量呈显著正向影响。
假设8b:绩效工资政策分配公平对教师的领导成员交换质量呈显著正向影响。

(2)领导成员交换与工作投入

领导成员交换关系的形成,一般是在随着领导与下级在某个特定情境下不断地对话、协商和谈判而逐渐形成和发展起来的,交换质量的高低主要取决于双方各自对对方期望的一致性。如果对方的行为符合自己的期望,则会产生相互信任、忠诚和尊重,这种关系即形成高质量或低质量的交换关系。与领导保持高质量交换关系的下属会被领导视为团队成员,进而获得更多的信任和尊重,在此情景下,下属为了让领导满意并获得更加持久的高质量领导成员交换关系,会尽力完成对领导的工作安排,反映出更强的对工作的认真和投入程度。纵观目前已有的领导成员交换研究,可以发现领导成员交换质量会显著影响员工和领导者行为。Hackett(2003)提出领导成员交换质量能够促进员工的组织公民行为[252],Gerstner 等人的元分析(1997)也表明领导成员交换与员工绩效和目标实现的相关性均达到显著水平[253]。上述研究同时也进一步说明领导成员交换的主要影响集中在个体水平上。由此分析,可提出如下假设:

假设9:领导成员交换质量对教师的工作投入呈显著正向影响。

Katrinli(2010)在研究中发现领导成员交换的感知质量在工资分配公平对员工工作满意感的影响过程中起到部分中介作用[176]。绩效工资的公平性很大程度上是由领导的管理能力和风格决定的,而员工由于对公平性的感知会对领导产生不同的看法,进而影响到领导成员交换的质量。已有研究已经发现公平感是领导成员交换的重要前因变量[175,250]。另一方面,May 的研究发现同事间鼓励和上级支持等心理状态变量对相关工作特征因素与工作投入之间的关系具有中介作用[192],而上述心理状态变量与领导成员交换感知质量一定程度上较为类似。由于绩效工资的分配程序与分配结果的公平性都要建立在上下级沟通充分的基础上,因此教师会因感知到的公平性改善与领导的关系,进而增强其工作投入。根据上述分析,提出假设如下:

假设10:领导成员交换在绩效工资政策对工作投入的影响中起到中介作用。

假设10a:领导成员交换在绩效工资政策现实性对工作投入的影响中起到中介作用。

假设10b:领导成员交换在绩效工资政策公平性对工作投入的影响中起到中介作用。

通过上述对公共服务动机和领导成员交换的讨论,我们可以看出,教师的公共服务动机和与上级的领导成员交换关系都影响了自身的工作投入状态,而且他们之间存在一种相互促进的关系。首先,公共服务动机有利于教师通过领导成员交换关系提高工作投入状态。具有较高公共服务动机的教师具有较强的参与公共政策制定的兴趣和热情,因此在学校政策的制定与实施过程中,这些教师更愿意与领导沟通和讨论,从而与上级形成较高的领导成员交换质量,这种与领导更进一步的亲密关系使得他们更加乐于完成领导交办的任务和工作,从而促进其工作投入状态。其次,领导成员交换也会调节公共服务动机与工作投入之间的关系。当教师成为领导的"圈内人"时就获得更高的领导成员交换质量,这样对于他们参与学校政策制定的机会也就更多,同时由于这种与领导的亲密关系也会完成更多的不在工作范围之内的"份外"之事,显示出更多的奉献精神,故而一定程度上提高了教师的公共服务动机对工作投入的影响程度。通过上述分析,本文认为公共服务动机和领导成员交换质量的交互对工作投入具有积极的正向影响,故形成如下假设:

假设11:公共服务动机与领导成员交换的交互对工作投入呈显著正向影响。

3.3.4 概念模型的建立

在分析绩效工资政策不同方面对教师工作态度影响的基础上,结合已有对于教师工作投入影响因素的研究,本文拟进一步分析绩效工资政策的不同属性与教师工作投入之间的关系,通过对现实管理问题的观察分析、义务教育教师的访谈和文献回顾,基于政策过程理论,分别从绩效工资政策设计的现实性和政策实施的公平性两个方面,探讨对学校组织管理和个人心理的影响。为此,本文提出了绩效工资政策对教师工作投入的影响分析框架,如图3-2所示,从该分析框架可以发现教师工作投入受到多方面因素的影响。

首先,从政策过程的分析角度出发,绩效工资政策的设计和实施是政策过程中的不同阶段,这两个阶段均会对个体的工作态度产生影响,但影响的途径则是有区别的。政策设计主要考虑政策可实现的途径与功能,突出其现实性。而政策实施中由于具体绩效奖励性工资的分配和发放是落实到学校的,并且是最直接让教师感受到政策效果的,而在此过程中的程序公平与分配公平则是对政策效果影响最大的因素。因此,一方面需要将这政策设计和实施这两个阶段的关键属性综合进行分析,才能将政策的影响了解得更全面;另一方面,由于这两个阶段有着不同的特点,因此需要分别进行探讨才能将政策影响的机理剖析的更为深入。

其次,宏观的政策设计一般主要考虑政策的现实性,这些特性对教师的影响是毋庸置疑的。由于绩效工资政策的基础是对教师的绩效进行考核,因此政策的前提条件是对教师的工作实绩进行评价,无论教师对绩效工资政策是否认可,在对其工作进行评价的活动时教师的工作投入状况必定会产生一定影响。而从现实性的角度来看,由于绩效工资政策采取的是经济激励的方式,针对教师这样的特殊的公共服务群体,也必然会对其公共服务动机产生一定影响。因不同绩效排名而获得不同奖励的人可能影响的程度是有差异的。迄今为止,国外研究对外在动机和内在动机的关系仍未有统一的结论,因此本文在中国背景下研究绩效工资政策对教师公共服务动机的影响,将具有较强的理论和现实意义。

再次,绩效工资政策实施中尤为重要的是其公平性,无论是程序上的公平,还是分配结果上的公平,都会影响到教师的工作投入程度。而学校层面的具体实施方案的制定公平与否主要取决于领导即校长的管理水平,因此公平性也会直接影响到教师对领导的看法,以及与领导亲密关系的远近。当教师认为校长能够听取教师的意见并才采纳到方案中去,就会对其领导产生信任之情,愿意与其沟通,配合领导给其布置的工作,反之则会对领导产生敌意,拒绝上级的任务安排,导致领导成员交换质量的差异。由此可见,这种差异也会进一步影响到对教师的工作投入状态。

根据上述分析,绩效工资政策的现实性和公平性都可能会对个体内在的动机和对外部组织管理中交换关系的感知产生影响,各要素之间重要的理论关系,如图3-2所示。

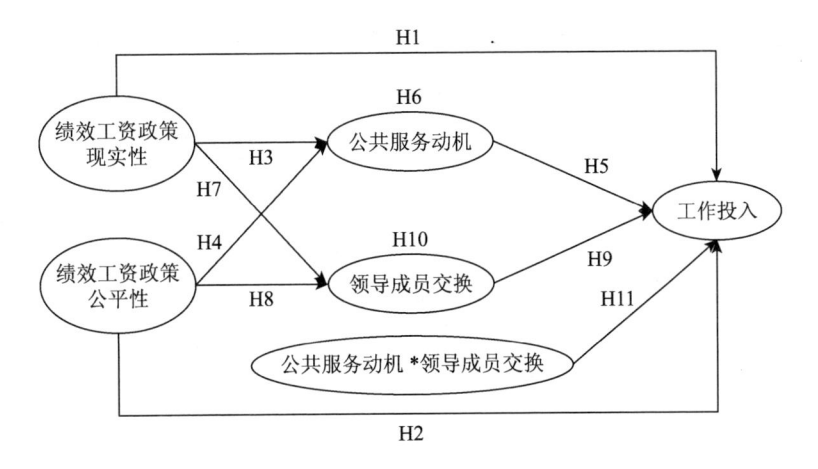

图 3-2 绩效工资政策影响概念模型

3.4 本章小结

本章节首先从两个现实案例入手,分析了当前我国义务教育教师绩效工资政策在实践中的过程与效果、以及对义务教育教师心理产生的影响。接着在案例分析和以往研究的基础上,提出了本研究的概念模型和关键变量。最后探讨了绩效工资政策的现实性、公平性与义务教育教师公共服务动机、领导成员交换质量和工作投入之间的关系,并提出相关假设。最终形成表3-1所列的研究假设,其中5个假设各自包含了2个子假设:

表 3-1 研究假设归纳

序号	编号	假设
1	H1	绩效工资政策的现实性对教师的工作投入有显著正向影响
2	H2	绩效工资政策的公平感对教师的工作投入有显著正向影响
3	H2a	绩效工资政策的程序公平对教师的工作投入有显著正向影响
4	H2b	绩效工资政策的分配公平对教师的工作投入有显著正向影响
5	H3	绩效工资政策的现实性对教师的公共服务动机呈显著的 U 形曲线关系
6	H4	绩效工资政策的公平性对教师的公共服务动机呈显著正向影响
7	H4a	绩效工资政策的程序公平对教师的公共服务动机呈显著正向影响
8	H4b	绩效工资政策的分配公平对教师的公共服务动机呈显著正向影响
9	H5	义务教育教师的公共服务动机对其工作投入呈显著正向影响
10	H6	公共服务动机在绩效工资政策与教师工作投入关系中起到中介作用
11	H6a	公共服务动机在绩效工资政策现实性对工作投入的影响中起到中介作用
12	H6b	公共服务动机在绩效工资政策公平性对工作投入的影响中起到中介作用
13	H7	绩效工资政策的现实性对教师的领导成员交换质量呈显著正向影响
14	H8	绩效工资政策公平感对教师的领导成员交换质量呈显著正向影响
15	H8a	绩效工资政策的程序公平对教师的领导成员交换质量呈显著正向影响
16	H8b	绩效工资政策的分配公平对教师的领导成员交换质量呈显著正向影响
17	H9	领导成员交换质量对教师的工作投入呈显著正向影响
18	H10	领导成员交换在绩效工资政策对工作投入的影响中起到中介作用
19	H10a	领导成员交换在绩效工资政策现实性对工作投入的影响中起到中介作用
20	H10b	领导成员交换在绩效工资政策公平性对工作投入的影响中起到中介作用
21	H11	公共服务动机与领导成员交换的交互对工作投入呈显著正向影响

4 研究方法

4.1 数据收集过程

4.1.1 研究背景

本研究属于一项教育部人文社科基金项目的一部分,该课题致力于从理论上和实践上探索、分析和解决绩效工资政策在我国义务教育学校实施过程中的一些重要问题,主要目标是探索更加符合中国当前市场经济和制度环境特点的公共服务领域管理理论,特别是经济激励对公共事业单位工作人员工作动机和行为方面的影响,以更好地为我国公共事业单位提高服务质量提供管理决策依据,以及为政府制定相关政策提供参考和借鉴。通过前期的文献检索,理论准备,以及专家调研,课题组设计了针对绩效工资政策、公共服务动机,以及领导成员交换、工作投入等方面的分析框架和调研问卷。

4.1.2 问卷设计

由于中国背景下公共服务领域关于绩效工资政策、公共服务动机的实证研究相对缺乏,本研究在变量的选取和指标的确定上主要参考了国外的研究文献,结合我国的情况进行了调整。在问卷整体的排列组合、问题的提法、答案给出的方式上也参考了国外问卷调研的经验。同时依据笔者以前同国外学者合作研究的经验,以及在陕西和广东等地的义务教育学校调研的经验,结合国内公共服务领域的实际情况以及问卷填写人的接受理解能力对问卷形式进行了调整。本论文研究使用的问卷由三部分组成:指导语、人口统计学变量、综合问卷。综合问卷部分包括绩效工资政策、公共服务动机、领导成员关系、工作投入量表组成。该问卷设计的主要目的是测量学校的教职员工对绩效工资政策制度本身及实施过程的感知、对自己与本校领导的关系交换质量的感知,以及他们自身公共服务动机和工作投入水平的测量。

问卷设计的前期阶段,本研究对相关变量的国内外文献进行了大量的搜索和回顾,保证最终研究中使用的测量工具尽量采用国内外文献中广泛使用的量表,再根据研究目的加以修改作为搜集实证资料的工具。由于各变量的操作性定义及衡量方法主要来自国外已发表的学术论文,因此采用了"双向翻译"的方法,先由一名精通中英文的管理学研究者经这些英文量表翻译成中文,再由精通英语的专家翻译成英文,并由外籍学者逐项加以对比原意并反复讨论,做出相应的修订与完善,形成初步的问卷。所有测量指均采用李克特5点量表,1表示"非常不同意",5表示"非常同意",分数越高,表示答卷人情况和问卷表述的内容越接近。

在问卷正式定稿与调查之前,先分别请部分研究者(包括导师、同学和其他相关领域研究者)、管理者(包括教育局工作人员、义务教育学校校长、教务主任等),以及调研对象(部分中小学教师)进行小规模访谈,并邀请其对问卷结构、可读性、歧义和完整性提出意见,基于这些意见对问卷进行了修改。进一步在通过"问卷星"网络问卷的方式发放预试问卷,获得75份有效答卷,通过分析进一步筛选测量问题,检验了测量量表的信度与效度,再根据预试者提出的意见修改问卷,最后定稿形成精确的问卷表述。

4.1.3 样本的确定

为了确保较高的问卷回收率和真实的问卷填答,本研究采取了如下措施。第一,问卷是结构化的。除了基本信息,其他涉及绩效工资政策、公共服务动机、领导成员交换与工作投入等问题进行分类,并采用里克特5级量表的形式,便于问卷填写人在有限的时间内理解并填写。第二,除了阅读背景资料外,笔者还对调研小组成员进行了面谈技巧和调研中应注意问题的培训。小组成员不仅要求必须按照正确步骤组织现场答题,还要能对被调查者提出的问题做出明确回答,向他们全面解释应该如何填写这份问卷并且向他们保证他们的回答是保密的。这些事前的工作可以减少研究者与被调研者在某个问题上的不同理解,以及填答问卷的真实性。

本次调研以义务教育学校教师为发放问卷的对象,针对其在绩效工资政策背景下教师的公共服务动机、与领导之间的关系,以及工作态度等问题进行问卷调查。调查工作主要是由西安交通大学公共政策与管理学院的部分教师、博士生和硕士生在当地管理部门的协助配合下完成的。调查结束后,课题组根据回收的有效问卷建立了数据库,为课题组成员提供实证分析所需要的数据。为了消除由于区域文化和经济差异而导致的系统性偏差,我们在调研中选择了分布在中国东南沿海经济发达地区和西部欠发达地区的学校。最终基于便利性抽样的原则,分别选取广东和陕西两个区进行调研。广东属于中国东部发达地区,经济发展水平高。陕西位于中国西部,发展水平相对落后。而以这两个区为主要的调研对象,是因为该地区教育管理部门能够为我们提供充分的深入调查机会和资源。通过限定调查学校的初中和小学的比例,最终选择了14所义务教育学校作为最后调研对象。

4.1.4 调研过程

在问卷初步设计完成之后,课题组先后与2010年4月和10月在陕西省西安市选取了4家义务教育学校进行问卷预调查。进行试点调查有两个目的:一是确保问卷更加适合我国当前政策背景下义务教育学校的特点,能够更加全面地反映出不同等级、规模学校教师的现状,以使问卷的结构和内容能够涵盖课题组成员所研究的各种问题;二是为了在大规模的调查展开之前能够尽量消除调查方法和文字表述等方面存在的漏洞,使调查的结果更为准确。每一家试点单位的调查都由经过研究者本人及培训的西安交通大学公共政策与管理学院若干调查人员进行,调查人员首先选取正常工作时间与学校副校长及教务长以上的高层管理人员进行1~2小时的访谈,在调查人员的讲解下,由学校组织部分教师和被访者亲自填写问卷的各项内容,并对问卷中的问题,以及问卷本身的设计提出建议。预调研所取得的数据被排除在最终的调研范围之外,所得到的数据也不录入最后的数据库。

表4-1 有效问卷的学校分布及所占比例

学校编号	性质	学校正式教师编制	所在地区	有效问卷数量	所占比例
1	小学	<50人	陕西	15	2.6%
2	小学	<50人	陕西	25	4.4%
3	小学	50~100人	陕西	44	7.6%
4	小学	50~100人	陕西	31	5.3%
5	初中	<50人	陕西	23	3.9%
6	初中	50~100人	陕西	37	6.5%
7	初中	50~100人	陕西	61	10.5%
8	初中	100~200人	陕西	49	8.4%
9	小学	50~100人	广东	24	4.1%
10	小学	50~100人	广东	31	5.3%
11	小学	50~100人	广东	42	7.2%
12	小学	100~200人	广东	53	9.1%
13	初中	100~200人	广东	68	11.7%
14	初中	>200人	广东	78	13.4%
总数				581	100%

我们根据定稿后的问卷对调研人员进行了集中培训,培训的内容包括详细介绍调研目的和理论模型,问卷中每个问题的含义,调研当中的技巧和基本流程,调研的组织方式和主要的联系人等。调研的基本程序是首先通过各省的教育管理部门联系人与调研范围内的学校负责人联系,首先电话询问该校的主要负责人是否有时间和兴趣参与本次调研。在得到对方的同意后约定访谈时间。我方的调研员按照约定的时间到该校进行调研。调查开始前,先向对方负责人说明此次调查的目的和方式,同时做出保密申明,然后由负责人在大课间通过广播通知教师到会议室集中。学校负责人先就调查及调查人员作简要介绍,调查人员对调查目的、答题及回收步骤和注意事项进行详细说明,并指导被调查者填写问卷,完成者将问卷交给调查人员并获得礼品离场。调查对象主要是学校的正式编制教师,包括任课教

师和行政管理人员。在调研时遵循以下标准:①在访问人指导下,由学校教师当场填写;②填满率低于95%的问卷为无效问卷;③请填写人按照第一反应填写;④问卷中连续出现相同回答的,视为无效问卷。

最后将得到的问卷通过邮寄或专人收发的方式传送到西安交大公共政策与管理学院,本课题组成员对所得到的问卷进行进一步的检查和甄别,对于存在空白、错误以及其他问题的问卷,作为无效问卷处理。按照预先设计的数据结构,将合格的问卷输入电脑形成数据库。为了验证问卷中的问题的有效性,我们对问卷的效度进行了分析。具体的做法是将每个有效样本包含的所有问题的得分进行加总,求出每个样本的总分,然后按照总分进行排序,将分数最高27%的样本作为高分组,将分数最低27%的样本作为低分组,然后针对每个问题求出其在高分组和低分组的平均分,最后对每个问题在高分组和低分组的平均分作T检验,如果两者间有显著的差异,则说明这个问题是有效的,如果T检验的结果表明,两个平均数间没有显著差异,则问题是无效的。我们的检验结果表明,问卷中的所有问题都是有区分度的。

4.1.5 获得数据的基本情况

这些学校包括 8 所小学和 6 所初中,其中 200 名教师以上的学校有 1 所,100~200 名教师的学校 3 所,50~100 名教师的学校 8 所,50 名教师以下的学校 2 所。数据收集采用现场发放并回收和邮寄回收的方式,共发放问卷 700 份,回收 648 份,其中有效问卷 581 份,有效率为 89.7%。两地有效问卷分别为 282 份和 299 份,样本均值 T 检验表明,两地的答卷者对同一题目的打分均值不存在显著差异($P>0.10$)。有效问卷内男性 169 名占 29.1%,女性 412 名占 70.9%,小学教师 265 名占 45.6%,初中教师 316 名占 54.4%,本科以下学历教师占 16.5%,本科占 80.2%,研究生占 3.3%。绩效评价排名中优占 23.1%,良 58.5%,中 17%,差占 1.4%。

为了检查共同方法偏差(Common Method Variance)可能带来的风险,我们对调查获得的数据进行了如下比较和分析。首先,对 75 份预调查问卷的主要指标均值和正式调查所获的相关指标均值进行 T 检验,未发现显著性统计差异($P>0.10$),

同时发现预调查与正式调查的各项指标之间高度相关(泊松系数＞0.382),说明被调查者提供了有效的回答。其次,将581份有效问卷的核心人口学统计变量与全国中小学教师的人口统计特征进行对比分析。根据教育部网站上的《2009年教育统计数据》中的"全国各级各类学校校数、教职工数、专人教职工数、女教职工数"、"小学专任教师专业技术职称、年龄结构情况""小学专任教师学历情况""普通初中专任教师专业技术职称、年龄结构情况"、"普通初中专任教师学历情况"等资料获得了全国初中和小学的教师性别、年龄、学历、职称等指标的平均值,然后对这些平均值与本次调查对象相同指标的平均值进行T检验,未发现显著性统计差异(P＞0.10),说明样本的具有较强的代表性。

4.2 变量的测量

4.2.1 变量度量指标选择的原则

研究所涉及的变量度量指标的设计是实证研究当中最关键的问题之一。度量指标的设计好坏,在很大程度上决定了统计分析结果的可靠性和有效性。为此,在设计因素的度量指标时,本研究遵循了如下程序:

首先,通过文献检索查找已经被前人使用过,并被证明是有效的度量指标[254]。

其次,如果不能找到恰当的指标,就根据现有的文献中对该因素的讨论,归纳出该因素的主要特征作为度量指标;再次,对于那些来源于英文文献的度量指标,在不改变问题原意的前提下,在翻译上对问题的提法和陈述方式进行了一定的调整,以使得本研究的问卷在语法上更加符合中国人的阅读习惯。

最后,大多数的英文论文往往是针对国外环境进行研究的,反映了国外的情况。鉴于中国的与国外国情、经济发展阶段、历史文化背景的差异,为此本研究一方面可能选择类似中国背景的研究论文,从中发现和选取调查问题。如果不能找到能够与中国环境相匹配的问题,则对国外环境中的度量指标进行一定的修改,使之符合中国的情况。

对于新变量的构造,本研究遵循了 Dillman 的总体设计方法[255]。对于每个变量,首先根据已有的文献构造初始因素集。接下来再进行第一次预调研数据收集。预调研数据被用来对所设计的初始度量指标进行探索性因子分析以确定这些指标所度量的结构变量。然后,那些在统计上与各个结构变量相关的因素被保留下来,并利用新的预调研数据进行前后数据的对比检验。这样,直接来自于以往研究的各个测量指标通过对比检验就可以验证其检验-二次检验的可靠性。最后,我们进行第三轮预调研,用以检验我们所提取的这些稳定的、用以测量结构变量的指标是否足以能够描述所构建的每个结构变量的理论内涵。

4.2.2 变量的测量题项及依据

(1) 绩效工资政策的测量

本研究的自变量是绩效工资政策,在前文分析中依据政策过程理论和具体研究情景中绩效工资政策的发展现状,将绩效工资政策设计与实施作为研究的重点,并选取政策设计中的现实性和政策实施中的公平性作为研究的关键变量。为确保该变量测量工具的信度和效度,研究中尽量采用国内外现有文献使用过的量表,再根据研究的目的和对象加以修改作为搜集实证资料的工具。

Fullen(2001)认为政策具有必要性、清晰性、可操作性和功能性四个特点[95],Tuytens 和 Devos(2009)基于此对教师绩效评价政策进行了量表的设计并总结为必要性、清晰性和现实性三个纬度[99]。政策的现实性主要反映绩效工资政策在现实中的可操作性和主要功能,本文在上述研究的基础上,围绕可操作性和功能性对我国义务教育教师进行多次调研访谈,并调整若干问题使其更符合我国现实情况,最终形成 8 道题项。这些题项一方面体现了绩效工资政策在现实中的可行性,其中包括学校领导制定政策实施细则的能力和地区财政的配套到位情况,在访谈中这两项是教师们认为影响可行性最大的因素,同时,政策的现实可行性还应反映学校的实际需求和教师的实际工作表现。而绩效工资政策的另一现实重要表现就是与政策预期相符的程度,更多的体现出绩效工资的经济性功能,同时也要反映出绩效目标的导向性功能。

Greenberg(1993)指出,从广义上说,公平主要有两种基本形式:程序公平和分配公平[256]。但是这两种基本的公平形式根据其决定因素又可分为四种:系统公平、形式公平、信息公平和人际公平。在公正各维度的划分中存在最大争议的是互动公正与程序公正之间的区分。Bies 和 Moag(1986)最初将互动公正与程序公正区分开来,认为互动公正是与分配公正和程序公正相并列的第三种公正形式[257]。他们认为,互动公正主要体现在对领导的反应上,而程序公正主要体现在对整个组织的反映上。但这种区分并不稳定,他们随后改变了这一看法,认为互动公正是程序公正的社会性方面,是程序公正的组成部分。因而,有一时在测量程序公正时,出现了在同一量表中同时使用 Thibaut 和 Walker 的过程公正、Leventhal 的六要素和 Bier 的互动公正的情况。本研究主要关注绩效工资的分配公平和程序公平,参考了 Colquitt 设计的评价组织公平感的量表,其中包括分配公平、程序公平、人际公平和信息公平四个因素,共 20 个项目[259]。但通过访谈发现在绩效工资政策的实施过程中上下级关系和信息交换均属于实施程序中的重要组成部分,因此本研究也将部分人际公平和信息公平的题项纳入程序公平进行测量,最终获得 14 道题的公平量表。

表4-2 绩效工资政策现实性的测量题项

编号	问题
X1	我校领导具有制定绩效工资实施方案的能力。
X2	我能按时拿到奖励性绩效工资。
X3	我校的绩效工资与绩效考核结果对应。
X4	我校的绩效工资分配方案符合学校实际要求。
X5	我校教师的工资平均不低于当地公务员工资。
X6	我对绩效工资政策很满意。
X7	绩效工资制使我更明确工作应努力的方向。
X8	我通过努力能够改变自己的收入。

表4-3 绩效工资政策公平性的测量题项

编号	问题
G1	与相同工作的同事相比,我的工资是公平的。
G2	与其他同事的表现相比,我的工资是公平的。
G3	分配结果能够反映我所做的贡献。
G4	与我的表现相比,我所得的工资是合理的。
G5	在绩效工资方案制定过程中,我能够表达我的看法和感受。
G6	工资分配程序对所有的老师都是公正的。
G7	学校有规范健全的程序对我的表现客观评估。
G8	学校绩效工资分配程序的实施是前后一致的。
G9	我们学校老师能够参与分配制度的制定过程。
G10	我们学校的分配是公开和透明的。
G11	学校领导根据绩效分配工资时,会依据正确的信息。
G12	学校领导在工资分配过程中以诚恳的态度与我交流。
G13	对工资分配中的细节学校领导与我及时交流。
G14	学校领导对工资分配程序进行了详尽的解释。

(2) 公共服务动机的测量

公共服务动机的量表最早由 Perry 开发共 24 道题项,之后有学者应用于其他国家依据国情又分别进行了修订。Perry(1996)基于美国社会文化背景开发的量表包括四个维度,分别为决策参与、公共责任、同情怜悯和自我牺牲。而这四个维度在不同文化的验证研究并不一致[125]。中国学者刘帮成(2008)采用探索性因子分析的方法,在中国情境下得到三个维度共9道题的公共服务动机修正量表,同情怜悯的维度并没有得到验证[130]。比利时学者 Vandenabeele(2008)先后在其两项跨文化研究中,增加了一些新的元素,并声称发现了第五个维度:民主治理,包括诸如公共服务的恒常性、平等、中立和适应环境等传统公共服务和现代管理的当责[128]。但正如他自己所言,这个维度实际上仍然属于一种价值观,因而应归属于价值观性动机。韩国学者 Kim(2009)则将 Perry 的测量维度和理论分类整合了起来,提出把决策参与改为公共参与,公共责任改为公共利益的承诺,以更突出个人追求公共价值观的倾向,形成了新的公共服务动机三成分四维度框架,并将负向题全部改为正向题,先后使用两个全职公务员样本(有效 n1 = 690, n2 = 498),使用 AMOS7 对样本进行 CFA 检验,最终修订为 14 个题目的量表[129]。正如 Perry(2010)所言,文化和语言差异使公共服务动机在不同国家的测量方式存在不同[258]。基于这种考虑,本文选用韩国学者 Kim 的问卷,主要由于韩国与我国具有较为相似的历史背景和文化习惯,较之欧美的量表适用性更强,而且依旧保留了 perry 研究中的四个维度共 14 道题。同时,本文根据研究内容和对象的特征,在具体表述上做了若干调整,最终形成量表如表 4-4 所示。

表 4-4 公共服务动机的测量题项

编号	问题
PSM1	我把公共教育服务当作自己的公民义务。
PSM2	对我来说,有意义的公共服务很重要。
PSM3	即便损害我个人的利益,我也愿意看到政府造福整个社会。
PSM4	当看到别人处于困境时,我很难控制自己的同情心。
PSM5	日常生活中,我常感到人与人之间相互依赖。
PSM6	我不同情那些需要帮助而又不自救的人。
PSM7	对我而言,爱国包括为他人谋福利。
PSM8	即使没有酬劳,我也乐意为他人服务。
PSM9	对我来说,社会整体利益比个人成就更重要。
PSM10	我愿意为教育事业作出个人的牺牲。
PSM11	我认为社会责任高于个人利益。
PSM12	我喜欢和他人讨论对教育政策的看法。
PSM13	我对使身边人受益的公共项目制定很感兴趣。
PSM14	看到人们从我参与过的公共项目中受益,让我感到很宽慰。

(3) 领导成员交换的测量

领导成员交换的测量有许多不同的研究,量表中的项目也从 2~25 不等。这主要是因为学者们对于领导成员交换是单纬度还是多维度的结构有争议。多维度的领导成员交换理论认为主要包括情感、贡献、忠诚和专业尊敬等维度[143,144]。但有 Graen 等人则认为领导成员交换的概念应主要限制在工作方面,多维度的领导成员交换的社会方面的维度如情感、忠诚等实际上可以作为领导成员交换的前因变量[140]。因此在多数研究中,学者们将领导成员交换假定为单一维度的结构,即认为它是一个从低质量到高质量的连续体。其中低质量是指仅限于根据工作合同所进行的交换即圈外交换(out-group exchange),而高质量是指包括物质和非物质的超出工作范畴以外的交换即圈内交换(in-group exchange),并以此开发了相关量表。LMX-7 是 Graen 等开发的使用最为很广泛的量表,所包含的 7 个题目都是测量领导和下属关系的,反映了两者之间除工作合同之外还具有的非物质性交换内容。如工作关系的有效性、对潜在问题的认知、愿意帮助他人等。Gerstner 和 Day(1997)的元分析证明了该量表的内部一致性信度在 0.8-0.9 之间,被认为是所有领导成员交换测量工具中最合理的心理测量量表[148]。

因此本文采用的是由 Graen 和 Uhl-Bien 开发的 7 个题项的 LMX-7 量表[170][139]。该量表具体题项包括:①我们校长非常了解我目前对工作的满足状况;②我觉得校长了解我在工作上的问题和需求;③我觉得校长非常了解我的工作潜力;④无论校长有多大权限,当我工作中遇到问题时,我觉得他会运用权力来帮助我解决;⑤无论校长有多大权限,当我有需要时,我觉得他会牺牲自己的利益来帮助我;⑥我对校长非常有信心,所以当他不在场时,我会为他的决策进行辩护;⑦我认为我与校长之间有良好的关系。

(4) 工作投入的测量

虽然多数学者都认为工作投入包含三个维度,但对这三个维度的内容却大为不同。Kahn(1990)将工作投入分为生理、认知和情绪三个独立的维度[186],Britt(2001)基于 Schlenker(1994)的责任模型提出了工作投入的责任感、承诺、感知的三个维度[191],Maslach(2001)提出了工作投入-工作倦怠的精力、卷入、效能的三维度连续体,认为倦怠处于这个三维度连续体的消极的一端,而投入则是积极的一端[188],Schaufeli(2002)则对 Maslach 的观点提出异议,他们提出活力、奉献和专注的三个维度,认为工作投入与工作倦怠并非简单的对立,而是相互联系又相对独立的两种心理状态。

工作投入目前在实证研究中应用最为广泛的测量工具是 Schaufeli 等人于 2002 年开发了"Utrecht 工作投入量表"(the Utrecht Work Engagement Scale, UWES),该量表包括活力、奉献和专注等 3 个分量表共 17 个项目。活力是指具有充沛的精力并且愿意在工作上付出努力,不容易疲倦且对困难具有较强的坚忍力等;奉献是一种对工作的强烈热爱以及工作所带来的高度自豪感和受鼓舞的感觉;而专注则是一种对工作全身心投入的忘我的愉悦状态,不愿意从工作中脱离出来。Schaufeli 对该量表进行了数据的检验,使其逐渐成为了学术界的主流。

我国学者张轶文等采用中学教师样本对该量表进行检验发现信度和效度都比较高[227],可以应用于国内的相关研究,因此本研究也主要以 UWES 量表为参考。由于该量表由三个分量表组成,活力主要体现的生理上的表现,而本研究关注的均是对教师内在心理的影响效果,故选取奉献和专注两个分量表进行调查。具体包括:①当工作紧张时我会感到快乐;②我为自己所从事的工作感到自豪;③我沉浸于我的工作当中;④我在工作时回答道忘我的境界;⑤工作是我的全部生活重心;⑥我全心全意投入现在的工作;⑦我喜欢全心投入我的工作;⑧对我而言,工作仅是我生活中的一小部分;⑨我觉得任何时刻,我都离不开我的工作;⑩大部分时间我关心的事,都集中在工作上;⑪通常在工作上我有点心不在焉;⑫我的人生目标大部分以工作为导向。

(5)控制变量

为了控制其他变量对绩效工资政策和公共服务动机带来的影响,在前人研究的基础上,选择了以下五个控制变量:性别(1 = 男,2 = 女)、教龄(1 = 1 - 10 年,2 = 10 - 20 年,3 = 20 年以上)、教育程度(1 = 本科及以下,2 = 本科以上)、学校规模(1 = 教师少于 50 名,2 = 教师 50 名以上)、地区(1 = 广东,2 = 陕西)。由于样本选取的是经济收入差距较大的两个地区,因此地区的差异会对教师的收入水平产生差异;另外不同的学校规模会有不同的管理方式,同样会对教师的公平感和收入的感知产生影响。有关公共服务动机的前因变量研究中,Perry(1997)发现公共责任和自我牺牲两维度上存在性别差异,年龄与公共责任存在正相关,教育程度也对公共服务动机的至少一个纬度相关。近年来,Monihan 和 Pandey(2007)和 Perry

(2008)也都通过实证研究发现公共服务动机的一个或多个维度与职业、改革取向、组织工龄、性别、教育水平和收入等都存在关系[134,231]。Lee 等(2000)在对大学教师的研究中发现,男性会比较重视公平的规范性,而女性则会对关系比较关注[259]。因此,性别也是会影响公平和领导成员关系的变量,需要加以控制。而在工作投入的研究中,已有研究证明,性别、年龄、职业等人口学变量是工作投入的影响因素。例如 Watkins(1991)发现男性的工作投入水平较女更高[260]。虽然 Schaufeli 在分析了来自世界各地的 31916 个数据后发现,工作投入的性别差异并不显著,但工作投入与年龄正相关[202]。

4.3 统计分析方法与过程

4.3.1 描述性分析

描述性统计分析(Descriptive Analysis)一般是统计数据分析的第一步,通过对调查总体所有变量的有关数据进行频数分析、集中趋势分析、离散程度分析、以及数据的分布等进行统计性描述,以了解核心变量的基本情况,发现其内在的规律,再选择进一步分析的方法。本研究首先对调查的学校和教师的基本特征变量(学校地区、学校规模、教师性别、教龄、学历)等进行频次和百分比分析,了解研究对象的基本分布情况;其次对本研究设计的核心变量进行统计分析,计算其平均值、标准差,了解其分布情况。

4.3.2 信度分析

信度(Reliability)即可靠性,是指采用同一方法对同一对象进行调查时,问卷调查结果的稳定性和一致性,即测量工具(问卷或量表)能否稳定地测量所测的事物或变量,一个量表的信度越高说明量表的稳定性也越高。本研究问卷主要由 Likert5 级量表组成,Cronbach's α 信度系数是目前最常用的信度系数,该系数评价的是量表中各题项得分间的一致性,属于内在一致性系数,适用于态度、意见式问卷(量表)的信度分析。研究者们认为 Cronbach's α 系数介于 0.60-0.65 之间的数据最好不要用,介于 0.66-0.70 之间的勉强可以接受,而介于 0.70-0.80 之间的数据则质量比较好,介于 0.80-0.90 之间的数据质量非常好。也有学者认为各项数据的内部一致性系数在 0.7 以上就表示数据是可以接受的[261]。总而言之,内部一致性系数越接近1越好。由于本研究对于各变量的测量多采用的是国外量表的基础上发展而成的,研究对象也不同于以往的研究,故对所有的问卷数据都进行了信度分析,并选取 0.7 作为 Cronbach's α 参考值。

4.3.3 因子分析

因子分析是从多个变量中选择出少数几个综合变量的一种数据降维分析方法,本文研究中采用了探索性因子分析(Exploratory Factor Analysis,EFA)和验证性因子分析(Confirmatory Factor Analysis,CFA)两种方法。探索性因子分析主要是为了找出影响观测变量的因子个数,以及各个因子和各个观测变量之间的相关程度,以试图揭示一套相对比较大的变量的内在结构。研究者的假定是每个指标变量都与某个因子匹配,而且只能通过因子载荷凭知觉推断数据的因子结构。而验证性因子分析的主要目的是决定事前定义因子的模型拟合实际数据的能力,以试图检验观测变量的因子个数和因子载荷是否与基于预先建立的理论的预期一致。指标变量是基于先验理论选出的,而因子分析是用来看它们是否如预期的一样。其先验假设是每个因子都与一个具体的指示变量子集对应,并且至少要求预先假设模型中因子的数目,但有时也预期哪些变量依赖哪个因子。

在探索性因子分析中,主要采用主成分因素分析法(Principle Component Factor Analysis)并采用最大方差(Varimax)旋转法旋转主轴,已取得量表的主要因子结构。在做因子分析之前根据 KMO(Kaiser-Meyer-Olkin)样本测度检验数据是否适合做 EFA。由于 KMO 值越接近1就越适合做因子分析,一般认为 KMO 大于0.5就可以做因子分析。本研究运用 SPSS17.0 软件进行 EFA。

验证性因子分析往往通过结构方程建模来测试,如结构方程模型软件 LISREL 就是一种矩阵编程语言,它用矩阵的方式来定义我们在测度项与构件、构件之间的关系,然后采用一个估计方法(比如极大似然估计)进行模型拟合。本研究运用

Lisrel 软件进行变量的验证性因子分析。当因子模型能够拟合数据时,因子载荷的选择要使模型暗含的相关矩阵与实际观测矩阵之间的差异最小。常用的统计参数有:卡方拟合指数(x^2)、比较拟合指数(CFI)、拟合优度指数(GFI)和估计误差均方根(RMSEA)。根据 Bentler(1990)的建议标准,$x^2/DF \leqslant 3.0$、$CFI \geqslant 0.90$、$GFI \geqslant 0.85$、$RMSE \leqslant 0.05$,则表明该模型的拟合程度是可接受的。

由于本文涉及高阶因子,因而对于两个高阶因子变量(绩效工资政策现实性和公平性)除了通过一阶验证性因子分析对变量的收敛效度、区别效度及各指标变量的个别信度进行检验外,还要检验高阶因子的收敛效度、区别效度及各指标变量的个别信度。

在一阶因子验证模式中包含各观测变量与因子变量 ξ 之间的关系,以及各因子变量 ξ 之间相互相关,另外也包含各观测变量的误差方差 δ,而各 δ 之间则无相关存在,一阶验证性因子分析的模式如图 4-1 所示。

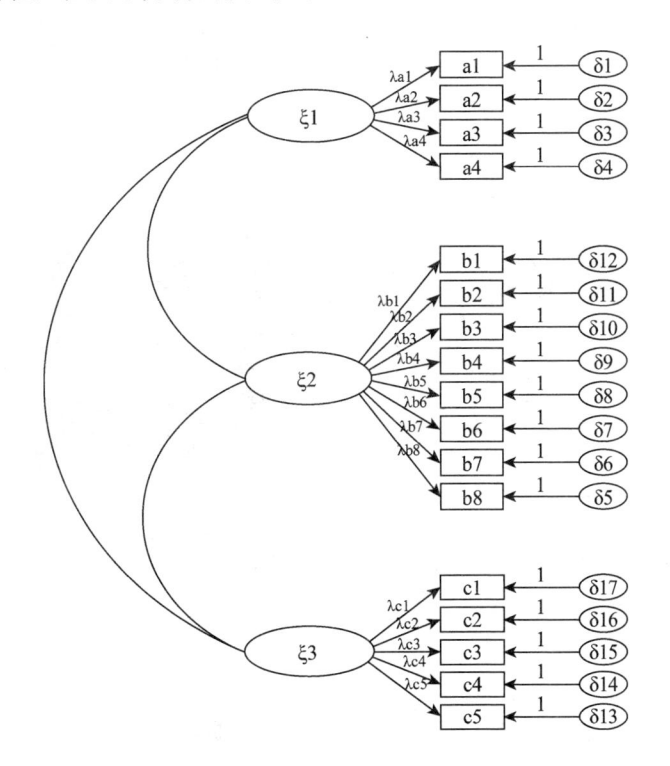

图 4-1 一阶验证性因子分析模式

在一阶验证性因子分析中,各共同因子间的相关矩阵 Φ(phi)不为零的检验结果如果显著的话,则可再进行二阶验证性因子分析,以提取更高阶的共同因子。在二阶验证性因子分析模式中,假定第二阶的潜在变量 ξ 是一阶潜变量 η 的因子,所以第二阶共同因子 ξ 对观测变量没有直接的关系,而第一阶共同因子 η 之间也不存在直接的关系,第一阶因子之间的关系必须通过第二阶共同因子 ξ 来解释,二阶验证性因子分析模式如图 4-2 所示。根据本研究的研究问题与研究目的,本研究主要考察绩效工资政策在政策设计的现实性和政策实施的公平性两个属性,衍生出两个自变量和相应的假设,而公共服务动机、领导成员交换和工作投入均被视为单一变量,本研究不对其内部维度进行剖析。因此,本研究对绩效工资政策变量进行了二阶验证性因子分析。

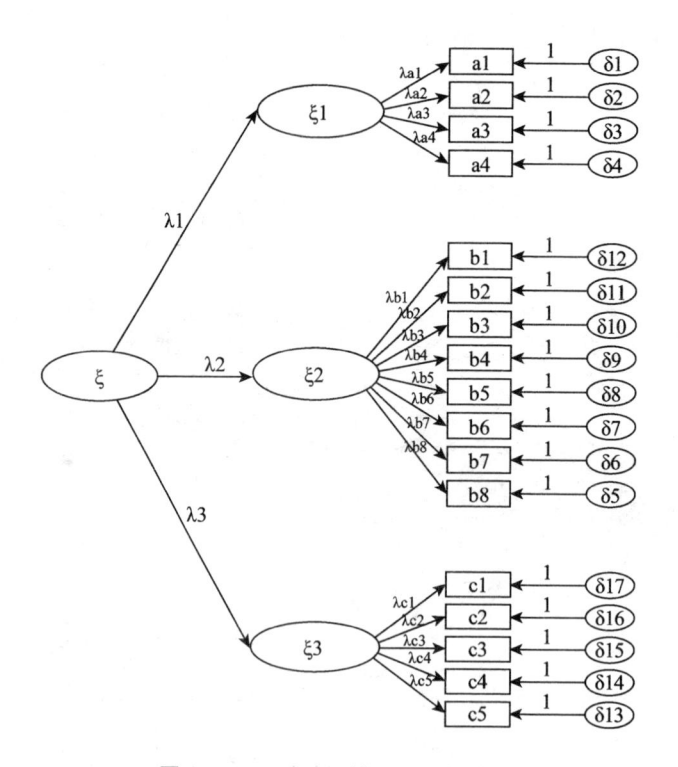

图 4-2 二阶验证性因子分析模式

4.3.4 假设检验方法

（1）多元回归分析

多元回归分析（Multiple Regression Analysis）是一种处理变量的统计相关关系的一种数理统计方法。在数据处理时，通常需要研究变量与变量之间的关系。一般而言，变量之间的关系分为两种：一种是函数关系即完全确定关系，另一种是相关关系，变量之间既存在着密切关系，但又不能由一个或多个变量的值求出另一个变量的值。对于变量之间的相关关系，虽然不能建立确定的函数关系，但可以建立一定的数学表达式，便于变量之间互相推测，也就是用回归分析的方法。多元回归分析是研究多个变量之间关系的回归分析方法，按因变量和自变量的数量对应关系可划分为一个因变量对多个自变量的回归分析（即"一对多"）和多个因变量对多个自变量的回归分析（即"多对多"）。按照回归的类型还可划分为线性回归和非线性回归分析。

多元回归分析是研究两个以上的独立变量与相依变量之间相关关系的回归分析方法，其原理是，依据最小二乘法使各散点与回归模型之间的离差平方和 Q 达到最小的原则，在因变量与众多自变量之间建立最合适的回归方程。Q 的计算公式如下：

$$Q = \sum (Y_i - \hat{Y}_i)^2 \qquad (4-1)$$

式 4.1 中，Y_i 为第 i 次观测值，为回归方程，即：

$$\hat{Y} = b_0 + b_1 X_1 + b_2 X_2 + \cdots b_n X_n \qquad (4-2)$$

多元回归分析可以实现对多个变量的同时处理，通过分析自变量在因变量总变异中所占的比例，在一定程度上探讨它们之间的因果关系。在回归分析结果中，我们通过 F 检验比较回归均方差和均方残差是否存在显著差异对线性回归模型的显著性进行检验，根据每个回归系数的 T 检验结果，考察自变量对因变量是否具有显著的影响；根据回归系数的正负，考察有显著影响的自变量对因变量影响的性质；根据的大小，考察自变量对因变量影响的相对重要性。

（2）中介效应与交互作用检验

中介变量是一个重要的统计概念，一般来说，当一个变量能够解释自变量和因变量之间的关系时,我们就认为它起到了中介作用。因此,研究中介变量的目的是在我们已知某些关系的基础上,探索产生这些关系的内部作用机制。在这个过程中,我们可以把原有的关于同一个现象的研究联系在一起,而使得已有的理论更为系统。另外,如果我们把事物之间影响的关系看做一个因果链,那么研究中介变量可以使自变量与因变量间的关系链更为清楚和完善,可以解释在自变量变化与因变量随之变化的中间发生了什么。所以,中介变量在理论上具有如下重要意义:①中介变量整合已有的研究或理论;②中介变量解释关系背后的作用机制[262]。

考虑到自变量 X 对因变量 Y 的影响,如果 X 通过影响变量 M 来影响 Y,则称 M 为中介变量。假设变量已经中心化或标准化,可用图 4-3 所示的路径图和相应的方程来说明变量之间的关系,分别为自变量 X 与因变量 Y 之间不存在中介变量和存在一个中介变量 M 的情况。当存在中介变量时,中介变量的作用就是中介效应。通常情况下中介效应可分为两种:完全中介效应与部分中介效应。中介效应是一种间接效应,其大小用 c - c' = ab 来衡量,其中 c 是 Y 对 X 的总效应,c' 是直接效应,ab 是经过中介变量 M 的中介效应。温忠麟等[263]指出,间接效应与中介效应是有区别的:中介效应的前提是自变量与因变量相关显著,但是即使相关系数为零,仍然可能存在间接效应。

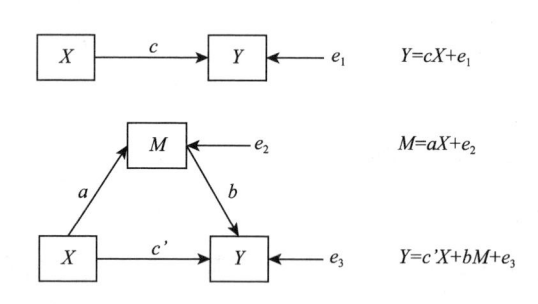

$$X \xrightarrow{c} Y \leftarrow e_1 \qquad Y = cX + e_1$$

$$M \leftarrow e_2 \qquad M = aX + e_2$$

$$X \xrightarrow{c'} Y \leftarrow e_3 \qquad Y = c'X + bM + e_3$$

图 4-3 中介变量示意图(温忠麟,2004)

中介效应的检验用结构方程模型和回归分析均可获得。目前应用较为广泛的是温忠麟等总结了各种检验方法后提出的一个中介效应检验程序,该程序的第一类和第二类错误率之和通常比单以检验方法小,既可以做部分中介检验,也可以做完全中介检验[263]。检验程序见图 4-4。

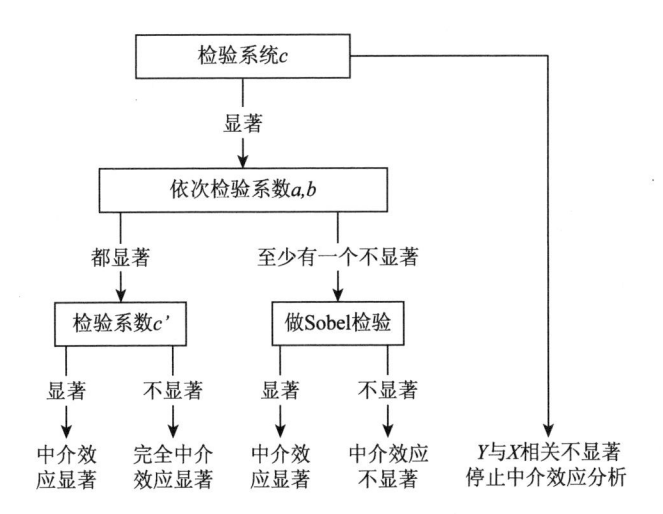

```
                    ┌─────────────┐
                    │  检验系统c   │
                    └──────┬──────┘
                           │ 显著
                    ┌──────┴──────┐
                    │ 依次检验系数a,b │
                    └──────┬──────┘
              都显著        │        至少有一个不显著
         ┌────────────┐         ┌────────────┐
         │ 检验系数c'  │         │  做Sobel检验 │
         └─────┬──────┘         └──────┬─────┘
         显著  │  不显著          显著  │  不显著
```

图4-4　中介效应检验程序(温忠麟,2004)

（检验分支结果：中介效应显著／完全中介效应显著／中介效应显著／中介效应不显著／Y与X相关不显著停止中介效应分析）

本研究中,公共服务动机和领导成员交换是两个主要的反应教师内在心理的变量,是教师在感知绩效工资政策后引起一定的心理变化进而影响其工作投入程度的中介变量。因此,本研究主要测量这两个变量的中介作用。

交互作用是指两个变量(A 和 B)共同作用时对 Y 的影响不等于两者分别影响 C 的简单数学和。调节变量是指：一个变量(B)影响了另外一个变量(A)对 C 的影响。在交互作用分析中,两个自变量的地位可以是对称的,可以把其中任何一个解释为调解变量;它们的地位也可以是不对称的,只要其中有一个起到了调节变量的作用,交互作用就存在。通常情况下,交互作用可以分为两类：增强型交互作用(reinforcement interaction effect)和干扰型交互作用(interference interaction effect)。对于增强的交互作用,随着 B 变大,A 对 C 的正向影响越来越强;对于干扰的交互作用,随着 B 变大,A 对 C 的正向影响逐渐减弱。同样,A 对于 B 与 C 的关系的影响也可以用相似的方法分析。

对于调节效应和交互作用模型(如图4-5)的检验,一般采取两个步骤。第一步,首先检验自变量(A)(在交互作用模型中还包括自变量(B))和因变量(C)是否存在直接的和显著的相关关系;如果存在某种直接的和显著的相关关系,则进行第二步检验,即将自变量(A)和调节变量(B)相乘以后构成一个新的变量(D),代入前面的回归方程,检验新变量(D)和因变量(C)之间是否存在直接和显著的相关关系，如果这种关系存在，则说明调节效应（交互作用模型）成立。本研究中，由于公共服务动机和领导成员交换对绩效工资政策影响教师工作投入的过程中都会产生一定的作用，因此，这两个变量在产生中介作用的同时，是否也会对彼此产生影响是值得怀疑的。故本研究也对公共服务动机和领导成员交换的交互关系进行了检验。

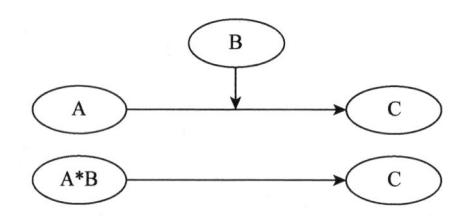

图4-5 调节效应与交互作用示意图

4.4 本章小结

在本章，我们对问卷的设计、调研过程和调研样本的基本情况进行了说明。在前人研究的基础之上，并考虑本研究的研究对象和样本特点，对模型所用变量的度量方法和度量指标进行了选择和说明。最后，对本文所使用的分析方法和验证程序进行了简单介绍。

5 实证分析

5.1 数据特征分析

5.1.1 变量的内容效度

变量的内容效度反映的是该结构变量在多大程度上提供了足够的反映所测量事物的本质和范围[262]。对内容效度的评判并不是从数字上来测量的,而是一种主观的和判断性的方式[266]。我们主要采取了下列方式:首先,我们在本项调研的问卷封面上提供了填写本问卷的指导,明确地告诉他们本项调研的目的是探索我国义务教育教师政策当前存在的问题和产生的效果,对每部分所问的问题进行了比较详尽的说明。而且我们承诺对本问卷进行保密,并向他们提供分析结果和发现的问题。其次,根据研究综述和研究设计章节的论述,本研究所使用的变量具有较为扎实的理论基础,主要来自于国际顶级期刊论文的成熟量表进行问卷的设计。再次,在本次调研之前,我们将本文所研究的问题和所用的测量变量和指标向在相关领域的学者、义务教育学校的管理者和老师进行了访谈和咨询。他们被要求就本文所研究的问题来说,这些变量的测量是否清楚和完善,以及他们之间可能存在何种关系进行评价。在他们的意见基础上,我们对这些指标进行了审慎地修改。通过以上方式,可以认为本研究所使用的测量工具能够具有较好的内容效度。

5.1.2 变量的结构效度

结构效度(Construct Validity)主要是用来检验量表是否可以真正度量出所要

度量的变量。对结果效度的检验不但要验证某个指标是否显著于依附于所度量的结构变量(收敛效度),而且还要确保该指标没有度量其他的结构变量(区别效度)。本研究将在对数据单维度分析的基础上,对变量的结构效度进行检验。

(1)数据单维度分析

在进行因素分析之前,必须先确认资料是否有共同因素存在。Bartlett 球度检验,检验的是相关阵是否是单位阵,它表明因子模型是否不合时宜。KMO(Kaiser-Meyer-Olkin)取样适宜性能有偏相关系数反映资料是否使用因子分析。KMO 取值在 0~1 之间,一般认为,KMO 在 0.9 以上为非常适合,在 0.8~0.9 之间为很适合,在 0.7~0.8 之间为适合,在 0.6~0.7 之间为勉强适合,在 0.5~0.6 之间为很勉强,在 0.5 以下为不适合,而 Bartlett 球度检验的 P 值显著性概率应该小于或等于显著性水平。具体分析结果见表 5-1。

表 5-1 变量的 KMO 值和 Bartlett 球度检验结果

变量	KMO 取样适宜性	Bartlett 球度检验			适宜性
		近似卡方分配	自由度	P 值	
政策现实性	0.828	1153.051	28	.000	很适合
政策公平性	0.945	5493.048	91	.000	很适合
公共服务动机	0.819	2537.768	91	.000	很适合
领导成员交换	0.894	2337.256	21	.000	很适合
工作投入	0.738	1017.516	28	.000	很适合

通过进行数据单维度分析,考察了变量各个构面及属性的 KMO 值,从单维度分析结果可以看出,绩效工资政策的现实性、公平性、公共服务动机、领导成员交换的 KMO 值都高于 0.8,说明这些量表的测量效果适宜本研究,而工作投入 KMO 值在 0.7~0.8 之间,说明该量表的测量效果一般。

本问卷中虽然对主要变量的测量借鉴了国外较为成熟量表的测量纬度,但在问题表述上主要根据我国国情进行设计,因此对所有问题进行了探索性因子分析(EFA)以剔除不合适的问题。本研究首先对绩效工资政策量表的 KMO 取样的适合度进行 Barlett 球形检验,同时巴特利特球体检验的 χ^2 统计值的显著性概率是 0.000,小于 0.01,说明数据具有相关性,是适宜做因子分析的。接着对该量表的输入资料进行主成分分析,将各分析结果以最大反差变异法进行正交转轴,得出重要因子。将测量项目因素负荷量低于 0.50 和在两个因素上同时具有较大的因素负荷量的题项删除,从内容上看可以反映出绩效工资政策的现实性为 4 个题项,政策实施中的程序公平和分配公平分别为 7 个和 4 个题项。同样的方法应用于公共服务动机的量表,KMO 值为 0.819,适合做因子分析。运用主成分分析法获得四个因子,与原量表纬度完全相同,只有一题被删,四个因子共解释了方差的 62.1%,达到了较好的效度。原工作投入量表为三个维度,经过因子分析剔除不合理题项后,剩下的题中有 6 道在一个因子上,还有 2 题在另一个因子,一般而言低于 3 个题项不利于对量表维度的测量,符合条件的这 6 个题项均是反映工作投入专注的题项,而工作的专注程度是工作投入中与工作绩效联系最为紧密的维度,故用此 6 个题项测量工作投入。最终所有保留题项的因子载荷见表 5-4。

(2) 验证性因子分析

在本研究中,公共服务动机、领导成员交换和工作投入都具有较为成熟的理论基础和测量量表,同时探索性因子分析的结果也显示各变量的 KMO 值均大于 0.65,如表 5-1 所示,说明适合因子分析。利用大样本调研数据对该研究中的各变量进行验证性因子分析,具体参数如表 5-2 所示。各量表数据均基本符合标准,可用于后续的研究分析。领导成员交换和工作投入都是一阶变量,均来源于国外的成熟量表,因此也利用大样本数据,对本研究中的其进行了验证性因子分析,得到结果如表 5-2 所示。其中 x^2/df 均小于 0.5,RMSEA 均小于 0.08,NNFI、CFI 和 IFI 均大于 0.9,AGFI 除了公平感,也均大于 0.9,而公平感为 0.87,已经非常接近最低值 0.9,因此也可以接受。

表 5-2 各变量的结构效度 CFA 检验结果

拟合指标	x^2/df	RMSEA	NNFI	CFI	IFI	AGFI
政策现实性	4.047	0.079	0.93	0.907	0.908	0.905
政策公平性	4.024	0.08	0.97	0.97	0.97	0.87
公共服务动机	3.64	0.081	0.96	0.94	0.92	0.951
领导成员交换	3.19	0.077	0.92	0.95	0.95	0.93
工作投入	3.41	0.067	0.95	0.95	0.96	0.92

注:所有变量的 χ^2 检验均在 0.05 置信水平显著

根据本研究的研究问题与研究目的,本研究主要考察绩效工资政策在政策设计的现实性和政策实施的公平性两个属性,衍生出两个自变量和相应的假设,而公共服务动机、领导成员交换和工作投入均被视为单一变量,本研究不对其内部维度进行剖析。因此,本研究只需要对绩效工资政策变量的区分效度进行考察。表5-3已经说明这两类政策属性的平均值存在显著差异,但其区分效度有待进一步考察。区分效度的检验一般通过比较每个因子的平均萃取方差(Average Variance Extracted,简称 AVE)的平方根与因子间相关系数(或比较 AVE 与因子间相关系数平方)来进行,当 AVE 的平方根大于因子间相关系数时,即可认为具有足够的区分效度。根据表5-3的数据,绩效工资政策各次级变量的 AVE 平方根均大于所在行与列的因子间相关系数。而根据 Brown(2006)的建议,在应用研究中,一般认为因子间相关系数(Inter-Factor Correlations)在 0.80 或 0.85 以下时,其区分效度都是可以接受的[266]。据此,可以认为本研究测量题项的区分效度良好。

表5-3 绩效工资政策的因子间相关系数和平均萃取方差

	平均值	标准差	政策现实性	政策公平性
政策现实性	2.8413	0.8704	0.724	
政策公平性	3.1522	0.8431	0.16	0.748
样本数	581			

注:有下划线且加粗的数值为 AVE 平方根

5.1.3 变量信度的检验

本研究采用 SPSS17.0 对绩效工资政策现实性、政策公平性、公共服务动机、领导成员交换、工作投入等量表进行信度分析,同时还采用 CITC 分析和 α 信度系数净化测量条款。一般而言,当 CITC 小于 0.5 时,通常就删除该测量条款,也有学者认为 0.3 也符合研究的要求[250],本研究以 0.3 为净化测量条款的标准。而变量构成的可靠性反映了构成变量的指标的内部一致性,通常通过 Cronbach's α 对其内部一致性进行估计和验证。一般来说,可靠性系数超过 0.7 就是合适的,Nunnally(1978)进一步认为对于一些新的变量可以采用大于 0.6 的标准[266]。虽然本文所用的大多数变量都是来自于以往的文献和研究,但是我们对这些测量指标根据中国的背景进行了调整,因而我们选择大于 0.5 来检验变量是否具有内部一致性的标准。表 5-4 显示了本文所用所有结构变量的 Cronbach's α 值都达到了本文所采用的标准(大于 0.6)。这些结果表明本文所采用的这些理论结构变量在所采用的样本数据中表现出了很好的内部一致性特征。

表 5-4 各变量的信度检验

变量	题项	Factor	CITC	Cronbach's α
绩效工资政策现实性	我能按时拿到奖励性绩效工资。	0.698	0.710	0.914
	我校教师的工资平均不低于当地公务员工资。	0.691	0.678	
	绩效工资制使我更明确工作应努力的方向。	0.589	0.746	
	我通过努力能够改变自己的收入。	0.561	0.655	
绩效工资政策公平性	**程序公平**			0.925
	学校有规范健全的程序对我的表现客观评估。	0.805	0.752	
	我们学校老师能够参与分配制度的制定过程。	0.791	0.734	
	我们学校的分配是公开和透明的。	0.789	0.735	
	学校领导根据绩效分配工资时,会依据正确的信息。	0.785	0.730	
	学校领导在工资分配过程中以诚恳的态度与我交流。	0.614	0.548	
	工资分配中的细节学校领导与我及时交流。	0.752	0.691	
	学校领导对工资分配程序进行了详尽的解释。	0.777	0.719	
	分配公平			
	与相同工作的同事相比,我的工资是公平的。	0.688	0.620	
	与其他同事的表现相比,我的工资是公平的。	0.773	0.718	
	分配结果能够反映我所做的贡献。	0.759	0.699	
	与我的表现相比,我所得的工资是合理的。	0.792	0.738	

续表

变量	题项	Factor	CITC	Cronbach's α
公共服务动机	**公共服务承诺**			0.695
	我把公共教育服务当作自己的公民义务。	0.697	0.517	
	对我来说,有意义的公共服务很重要。	0.671	0.515	
	即便损害我个人利益,我也愿意看到政府造福社会。	0.736	0.528	
	同情心			
	日常生活中,我常感到人与人之间相互依赖。	0.423	0.464	
	我不同情那些需要帮助而又不自救的人。	0.713	0.518	
	对我而言,爱国包括为他人谋福利。	0.724	0.521	
	自我牺牲			
	即使没有酬劳,我也乐意为他人服务。	0.624	0.470	
	对我来说,社会整体利益比个人成就更重要。	0.748	0.548	
	我愿意为教育事业作出个人的牺牲。	0.725	0.522	
	我认为社会责任高于个人利益。	0.743	0.539	
	政策制定			
	我喜欢和他人讨论对教育政策的看法。	0.602	0.410	
	我对使身边人受益的公共项目制定很感兴趣.	0.595	0.352	
	看到人们从我参与过的公共项目受益,我倍感欣慰。	0.519	0.331	
领导成员交换	我们校长非常了解我目前对工作的满足状况。	0.826	0.745	0.901
	我觉得校长了解我在工作上的问题和需求。	0.845	0.765	
	我觉得校长非常了解我的工作潜力。	0.818	0.744	
	无论校长有多大权限,当我工作中遇到问题时,我觉得他会运用权力来帮助我解决。	0.743	0.644	
	无论校长有多大权限,当我有需要时,我觉得他会牺牲自己的利益来帮助我。	0.808	0.726	
	我对校长非常有信心,所以当他不在场时,我会为他的决策进行辩护。	0.796	0.713	
	我认为我与校长之间有良好的关系。	0.703	0.623	

续表

变量	题项	Factor	CITC	Cronbach's α
工作投入	工作是我的全部生活重心。	0.667	0.317	0.747
	我全心全意投入现在的工作。	0.750	0.595	
	我喜欢全心投入我的工作。	0.770	0.601	
	我觉得任何时刻,我都离不开我的工作。	0.717	0.524	
	大部分时间我关心的事,都集中在工作上。	0.720	0.542	
	我的人生目标大部分以工作为导向。	0.682	0.421	

5.2 描述统计与相关分析

5.2.1 各变量的描述性分析

本研究针对广东和陕西两省的义务教育教师进行关于绩效工资政策影响的问卷调查,得到自变量、中介变量、调节变量和因变量的描述性统计结果(表5-5)。分析结果说明,各变量的均值和标准差所反映的数据呈正态分布特点,为下一步数据分析提供了良好的条件。

表5-5 变量总体描述性统计

变量	平均值	中位数	标准差	最小值	最大值
政策现实性	2.8413	3	0.8704	1	5
政策公平性	3.1522	3.2115	0.8431	1	5
程序公平	3.2879	3.3077	0.8824	1	5
分配公平	3.0165	3	0.9694	1	5

续表

变量	平均值	中位数	标准差	最小值	最大值
公共服务动机	3.4915	3.5	0.4358	2.44	4.88
公共决策参与	3.1573	4	0.9227	1	5
公共利益承诺	4.2081	3.3333	0.7193	1	5
自我牺牲	3.2160	3	0.8595	1	5
同情心	3.3836	3.3333	0.5393	1.33	5
领导成员交换	3.2226	3.2587	0.8115	1	5
工作投入	3.9017	4	0.7134	1	5
样本数	581				

从表中可以看出：①被调查教师对整体政策的现实性不太满意，均值仅为2.86。说明大多数的教师对目前绩效工资效果的认可度还并不一致，政策在现实中的效果并不理想，没有很好达到政策预期的目的；政策的公平性上来看，程序公平的均值比分配公平的均值高一些，一般而言，政策实施过程中公平性更易于感知，而分配结果的公平性由于信息的不完备性可能会有所欠缺。②教师的公共服务动机水平较高，均值达到3.49。具体维度上，公共利益承诺的均值最高达4.21，其次为同情心和自我牺牲，而公共决策参与的均值最低，仅为3.16。说明教师关注教育公共服务的提供，对职业的责任感较强，大多数人愿意为教育事业服务，而同情心和自我牺牲精神低于对职业的认可，另外在重大决策的民主参与性不强，处于政策制定过程中的弱势。③从教师的领导成员交换质量来看，均值为3.2226，说明大多数教师对领导较为信任，交换质量较高。④教师的工作投入程度平均得分为3.9，说明大部分教师都能够对其工作认真对待，工作投入水平较高。就变量分布的离散程度来看，教师感受到的分配公平和对公共决策的参与离散程度远大于其他变量和纬度的离散程度。

5.2.2 相关分析

为了在进一步分析之前对绩效工资政策和各变量的数据分布特征有更为精确地认识,对数据进行相关分析。从表 5-6 可以看到,本研究关注的政策现实性、程序公平、分配公平、公共服务动机、领导成员交换与工作投入等变量之间,均存在显著的相关性,其中工作投入除了与教育程度没有相关性,与其他各变量都相关。在其他人口学统计变量与个变量的关系上,发现了一个有趣的现象,即教龄与教育程度、程序公平和分配公平呈负相关,与工作投入成正相关。说明目前从事义务教育教学的教师教育层次越来越高,年轻教师比老教师拥有更好的教育背景,教师队伍素质也越来越高,但同时年轻教师对绩效工资的公平感比老教师更弱,可能的解释一方面是因为年轻教师对学校管理事务的参与意识比老教师更强,另一方面也可能因为绩效工资是在基本工资的基础上实施的,老教师的基本工资由于教龄等关系会更高一下,从而使公平感也更强一些。还可以看到,随着年龄与教学经验的增长,老教师的工作投入程度比年轻教师更胜一筹。

进一步分析还可以看出,学校规模与政策的现实性和分配公平性正相关,而与公共服务动机和工作投入负相关。这一结果提示我们规模较大学校的老师虽然在收入上可能比规模小的学校老师要多一些,但是在对教育事业的热爱程度和工作表现上却不一定高。这也在一定程度上也说明收入高不一定就能激励教师努力工作。

在各变量与工作投入的相关系数比较上,公共服务动机与工作投入的相关系数最大,预示着对工作投入影响最大的是个体自身的内在动机,其次是领导成员交换,说明领导的组织管理能力也对教师的工作状态产生重要影响,而外部制度的现实性对工作投入的影响是远不如个体内在动机的。

表 5-6 各变量之间的相关分析

	1	2	3	4	5	6	7	8	9	10	11	12	13
1. 性别	1												
2. 教龄	-0.068	1											
3. 教育程度	-0.053	-0.141**	1										
4. 学校规模	-0.173**	-0.291**	0.222**	1									
5. 地区	0.091*	0.344**	-0.189**	-0.676**	1								
6. 现实性	-0.029	-0.070	-0.052	0.092*	-0.163**	1							
7. 现实性平方	0.011	0.054	0.050	-0.132**	0.163**	0.010	1						
8. 程序公平	0.103*	-0.142**	0.003	0.109*	-0.265**	0.537**	-0.033	1					
9. 分配公平	0.044	-0.097*	0.040	0.022	-0.279**	0.514**	-0.029	0.657**	1				
10. 公共服务动机	0.025	0.015	-0.005	-0.152**	0.026	0.432**	0.090*	0.426**	0.346**	1			
11. 领导成员交换	0.073	-0.043	-0.007	-0.061	-0.082*	0.425**	-0.069	0.647**	0.391**	0.408**	1		
12. PSM*LMX	-0.027	0.022	-0.019	-0.012	-0.006	-0.002	0.286**	-0.017	0.012	-0.015	1	1	
13. 工作投入	0.094*	0.128**	-0.068	-0.304**	0.282**	0.145**	0.082*	0.226**	0.135**	0.407**	0.302**	-0.015	1

注:① **p<0.01, *p<0.05, +p<0.1
② 为 Pearson Correlation
③ Sig.(2-tailed)

5.3 多元回归分析与假设检验

多元回归分析是研究多个随机变量之间相关关系的一种统计方法。为了验证绩效工资政策现实性、公平性与公共服务动机、领导成员交换,以及工作投入之间的统计关系,我们分别以公共服务动机、领导成员交换与工作投入为因变量来进行多元回归分析。

5.3.1 绩效工资政策、公共服务动机与工作投入之间关系的假设验证

本文采用多元回归方法对前述研究假设进行检验,主要采用的是强制进入法使变量按顺序进入回归方程,运用SPSS17.0进行多元线性回归分析。

表5-7报告了绩效工资政策、公共服务动机和工作投入关系的验证结果。为了验证公共服务动机的中介效应,本研究采用中介变量验证方法,按照三个步骤进行分析。首先,对绩效工资政策现实性、公平性和工作投入的关系进行回归,检验政策与工作投入的正相关关系。其次,对绩效工资政策的现实性和公平性与公共服务动机的关系进行回归,检验政策对公共服务动机的影响。第三,对绩效工资政策、公共服务动机与工作投入的关系进行回归,检验公共服务动机的中介效应。具体的回归过程与分析结果如下:

第一步,对绩效工资政策与工作投入的关系进行回归。共有两个回归模型,第一个回归模型包含了控制变量与工作投入的关系,第二个模型加入了绩效工资政策设计的现实性,以及政策实施的程序公平和分配公平两个维度,结果显示政策程序公平与工作投入显著正相关,回归系数分别为 0.262($p<0.01$),假设2a成立。而政策的现实性和政策分配公平与工作投入的相关性不显著,故假设1和2b不成立。

第二步,对绩效工资政策设计与公共服务动机的关系进行回归,共有两个回归模型。第一个回归模型包含了控制变量与公共服务动机的关系,第二个模型加入了绩效工资政策的现实性与现实性的平方、政策程序公平与分配公平,结果显示政策现实性及现实性平方均与公共服务动机正相关,回归系数分别为 0.281($p<0.01$)和0.065

(p<0.1),这说明绩效工资政策的现实性与公共服务动机之间呈正 U 形,假设 3 成立。政策程序公平也与公共服务动机显著正相关,回归系数为 0.250(p<0.01),而政策的分配公平则与公共服务动机不相关,故假设 4a 成立,假设 4b 不成立。

第三步,对绩效工资政策、公共服务动机与工作投入之间关系的回归。结果表明,公共服务动机对绩效工资政策实施程序公平和工作投入的中介效应明显。由于公共服务动机与工作投入关系显著(β=0.385,p<0.01),故假设 5 成立。加入了公共服务动机之后,政策程序公平与工作投入之间的回归系数由 0.262(p<0.01)减少为 0.180(p<0.05),而公共服务动机的回归系数为 0.328(p<0.01)。可以看出,公共服务动机仅对绩效工资政策程序公平与工作投入之间关系具有显著部分中介效应(图 5-1),假设 6b 成立。由于绩效工资政策现实性对工作投入不显著,无需检验公共服务动机在其中的中介关系,故假设 6a 也不成立。

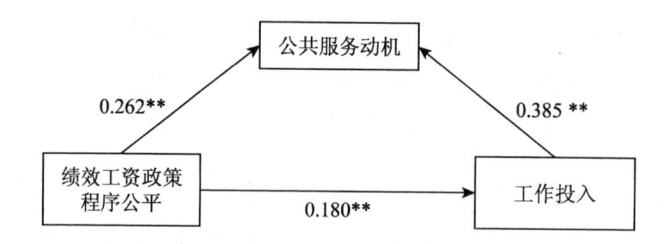

图 5-1 绩效工资政策清晰性、公共服务动机与工作投入的关系模型

表 5-7 绩效工资政策、公共服务动机与工作投入的关系检验

变量		公共服务动机		工作投入			
		Model 1	Model 2	Model 1	Model 2	Model 3	Model 4
控制变量	性别	-0.006	-0.027	0.05	0.024	0.052	0.034
	教龄	-0.008	0.015	0.028	0.047	0.031	0.042
	教育程度	0.023	0.024	0.008	0.013	-0.001	0.006
	学校规模	-0.253**	-0.160**	-0.198**	-0.118*	-0.100*	-0.065
	地区	-0.137*	0.040	0.135*	0.271**	0.188**	0.255**

续表

变量		公共服务动机		工作投入			
		Model 1	Model 2	Model 1	Model 2	Model 3	Model 4
自变量	政策现实性		0.281**		0.050		-0.044
	现实性平方		0.065+				
	程序公平		0.250**		0.262**		0.180**
	分配公平		0.070		0.033		0.010
	公共服务动机					0.385**	0.328**
	F值	4.103**	25.021**	13.540**	16.988**	31.618**	23.380**
	R²	0.035	0.283	0.106	0.192	0.249	0.270
	Adj-R²	0.026	0.272	0.098	0.181	0.241	0.258

注：** $p<0.01$，* $p<0.05$，+ $p<0.1$

表5-8　绩效工资政策、领导成员交换与工作投入的关系检验

变量		领导成员交换		工作投入				
		Model 1	Model 2	Model 1	Model 2	Model 3	Model 4	Model 5
控制变量	性别	0.010	0.006	0.05	0.026	0.031	0.025	0.040
	教龄	0.022	0.024	0.028	0.047	0.035	0.042	0.035
	教育程度	0.022	0.025	0.008	0.013	0.004	0.008	-0.001
	学校规模	-0.015	-0.036	-0.198**	-0.120*	-0.131*	-0.113*	-0.078
	地区	0.055	0.062	0.135*	0.270**	0.202**	0.257**	0.219**
自变量	政策现实性		0.131*		0.048		0.020	
	程序公平		0.646**		0.258**		0.121+	
	分配公平		0.092*		0.033		0.050	
	领导成员交换					0.315**	0.209**	0.193**
	公共服务动机							0.309**
	PSM*LMX							0.199
	F值	51.563	55.122	13.540**	16.771**	24.061**	17.324**	27.638**
	R²	0.449	0.036	0.106	0.190	0.201	0.214	0.279
	Adj-R²	0.440	0.028	0.098	0.179	0.193	0.202	0.269

注：** $p<0.01$，* $p<0.05$，+ $p<0.1$

5.3.2 绩效工资政策、领导成员交换与工作投入之间关系的假设验证

本研究采用 SPSS17.0 通过回归分析进行领导成员交换中介作用的判断,并选取性别、教龄、教育程度、学校规模和地区作为控制变量,以进一步凸显各变量之间的关系。第一步回归分析以人口统计学变量为控制变量,绩效工资政策现实性、政策的程序公平和分配公平为自变量,领导成员交换为因变量进行回归分析,探讨控制人口统计学变量后绩效工资政策与领导成员交换的关系。第二步以工作投入为因变量,在人口统计学控制变量和绩效工资政策自变量的基础上,将领导成员交换也作为自变量进行回归分析。最后对公共服务动机与领导成员交换对工作投入的交互作用进行了分析。

表 5 - 8 的结果显示,绩效工资政策实施的公平性与领导成员交换呈显著正相关关系,其中程序公平和分配公平的回归系数分别是 0.646($p<0.01$)和 0.092($p<0.05$),因此假设 8a,8b 成立。根据温忠麟等介绍的中介效应检验方法,当控制了中介变量后,显著削弱了自变量对因变量的影响则为部分中介,而如果在控制中介变量前自变量对因变量影响显著,控制中介变量后使自变量对因变量的影响不显著,就变成了完全中介[261]。数据显示领导成员交换对工作投入产生直接影响($\beta=0.315$,$p<0.01$),假设 9 成立。而控制领导成员交换后,绩效工资公平感中程序公平与工作投入之间的显著关系从 0.258 减少为 0.121,而领导成员交换仍对工作投入产生显著正向影响($\beta=0.209$,$p<0.05$)。由此可见,领导成员交换在绩效工资政策实施公平感对工作投入的影响过程中起到部分中介作用,假设 10b 成立,其中部分中介的主要是程序公平对工作投入的影响。而由于绩效工资现实性与工作投入之间无显著影响,故也不存在中介作用,假设 10a 不成立。

在检验公共服务动机与领导成员交换对工作投入的交互作用时,发现相关系数并不显著,说明公共服务动机与领导成员交换对工作投入的影响是分别通过各自的路径完成的,未产生交互作用,故假设 11 不成立。

5.4 本章小结

本章探讨了绩效工资政策设计对工作投入的影响途径,在分析绩效工资政策设计具体维度的基础上,通过理论和实践分析,从公共服务人员的特性出发,基于动机的视角提出了绩效工资政策和工作投入之间关系的研究框架,同时探讨了绩效结果排名的调节作用,提出了11个研究假设。在实证研究方面,通过对陕西、广东两个省份的581名义务教育教师的问卷调查进行了实证研究,采用了信效度分析、相关分析和回归分析等方法对假设进行验证,回归分析结果表明假设检验结果支持本研究提出的部分假设(表5-9),研究结果将在下一章进行详细讨论。

表5-9 假设检验结果

编号	假设	验证结果
H1	绩效工资政策的现实性对教师的工作投入有显著正向影响	拒绝
H2	绩效工资政策的公平感对教师的工作投入有显著正向影响	
H2a	绩效工资政策的程序公平对教师的工作投入有显著正向影响	支持
H2b	绩效工资政策的分配公平对教师的工作投入有显著正向影响	拒绝
H3	绩效工资政策的现实性对教师的公共服务动机呈显著的U形曲线关系	支持
H4	绩效工资政策的公平性对教师的公共服务动机呈显著正向影响	
H4a	绩效工资政策的程序公平对教师的公共服务动机呈显著正向影响	支持
H4b	绩效工资政策的分配公平对教师的公共服务动机呈显著正向影响	拒绝
H5	义务教育教师的公共服务动机对其工作投入呈显著正向影响	支持
H6	公共服务动机在绩效工资政策与教师工作投入关系中起到中介作用	
H6a	公共服务动机在绩效工资政策现实性对工作投入的影响中起到中介作用	拒绝
H6b	公共服务动机在绩效工资政策公平性对工作投入的影响中起到中介作用	支持
H7	绩效工资政策的现实性对教师的领导成员交换质量呈显著正向影响	支持
H8	绩效工资政策公平感对教师的领导成员交换质量呈显著正向影响	

续表

编号	假设	验证结果
H8a	绩效工资政策的程序公平对教师的领导成员交换质量呈显著正向影响	支持
H8b	绩效工资政策的分配公平对领导成员交换质量呈显著正向影响	支持
H9	领导成员交换质量对教师的工作投入呈显著正向影响	支持
H10	领导成员交换在绩效工资政策对工作投入的影响中起到中介作用	
H10a	领导成员交换在绩效工资政策现实性对工作投入的影响中起到中介作用	拒绝
H10b	领导成员交换在绩效工资政策公平性对工作投入的影响中起到中介作用	支持
H11	公共服务动机与领导成员交换的交互对工作投入呈显著正向影响	拒绝

6 结果讨论

针对在第一章提出的研究问题,本文在研究综述和案例分析的基础上建立了绩效工资政策、公共服务动机、领导成员交换和工作投入的概念模型,并对这些因素之间的重要关系提出了假设。在此模型中,可以看出绩效工资政策之所以能够对教师的工作投入产生影响,很大程度上取决于政策的合理实施和对教师心理影响的中介作用,其中教师的公共服务动机和对领导的关系都可能会在此过程中起着关键作用。纵观我国公共部门工资改革历程,在2006年公务员工资制度改革的同时,国家也对事业单位的工资制度进行了改革,事业单位的工资被划分为岗位工资、薪级工资、绩效工资和津贴补贴四个部分,义务教育学校教师的工资也是如此。上述四部分工资内容除了绩效工资,国家都已经做了明确的规定并及时发放到位,而绩效工资却一直没有实施和兑现。此次正式提出在义务教育学校实施绩效工资政策,实际上是对2006年确定的事业单位工资制度改革既定方针的落实和执行。因此研究义务教育学校教师绩效工资政策,对推进事业单位工资制度改革的工作提供重要的理论依据和影响。

从相关文献研究内容来看,国外对公共部门绩效工资的研究已较为成熟,较多强调工资本身的要素如工资强度、评估准确性等方面探讨对员工个体及组织管理的关系,而对政策属性的研究并不多见。国内已有学者对绩效工资政策的实施现状有所探讨,但聚焦该政策对个体带来的心理影响仍较少,实证研究更为少见。总体而言,从政策设计和实施等因素探讨对公共服务人员的动机、上下级关系以及工作态度的研究较少,无论在理论上还是方法上都有待于后续研究进一步拓展和深化。

为此,本研究聚焦义务教育学校教师的绩效工资政策背景下,从公共服务动机的角度探寻政策设计和实施因素影响工作投入的可能途径。在建立起概念模型和提出相关假设之后,采用实证研究方法,以广东和陕西省若干中小学的教师作为研究对象,验证绩效工资政策对工作投入的影响和途径,探讨公共服务动机和领导成员交换在此过程中发挥的作用。本章主要针对研究结果进行讨论,并根据实证研究的结论提供建议,为后续的政策完善和实施管理提供理论参考。

6.1 对假设验证结果的讨论

6.1.1 绩效工资政策与工作投入之间的关系

本文的假设1,2表述的是绩效工资政策对教师工作投入带来的影响,并从政策设计和实施的关键因素出发,探讨了政策设计中的现实性和政策实施中的程序公平与分配公平对工作投入的影响。实证分析的结果验证了部分的上述假设,表明绩效工资政策对教师工作投入的影响不是简单的积极或消极的影响,而是在政策的不同方面有着不同的影响。

在绩效工资政策设计的现实性方面,研究结果未能证实目前政策的现实性能够对工作投入产生积极影响。洛克(E. A. Locke)于1967年提出的目标理论(Goal Setting Theory)中提到,外来的刺激奖励都是通过目标来影响动机的,而目标本身就具有激励作用,能够把人的需要转变为动机,使人们的行为朝着一定的方向努力,并将自己的行为结果与既定的目标相对照,及时进行调整和修正,从而能实现目标[268]。政策的实际功能,就是给政策对象设置相应的目标,让他们朝着政策需要的方向去努力,这种将需要转化为动机,再由动机支配行动以达成目标的过程就是目标激励的过程。要使政策能引导个体的努力,它必须清晰而具体,使人非常明确政策的目的与功能。绩效工资政策实际上是也一种社会性契约,即个体接受某种身份时,会期待某种形式的酬赏,如金钱、赞赏等,是身份认同的一种重要形式[269]。Britt(2003)的研究发现:如果个体身份认同的某些方面与其所在的职业领域相关,则即使在不利的工作条件下(如工作的指导方针不明确),个体也能保持高水平的工作投入;相反,如果个体的身份认同中没有任何一个方面与自己的职业相关,则不利的工作条件会显著降低其工作投入水平[270]。在绩效工资政策背景下,绩效考核活动是政策的主要内容和依据,教师通过政策能够了解到自己工作的绩效目标、评价方法以及结果的使用情况,将更明确自己的工作目标和努力方向,以及可获得的支持,进而形成自己的工作动机和工作态度。研究显示明确的绩效指导方针、个体的工作绩效控制感,以及个体与工作相匹配等因素均有利于个体保持高水平的工作投入[187]。政策要实现其功能,首先要获得政策对象对其的认可。教师们对绩效工资政策较为认可,是因为该政策符合客观实际,能够解决现实中存在的燃眉之急。同时清晰的政策表述使教师更加明确了政策实现的途径和具体内容,看到了政策目标实现的可能性和自己努力的目标。在保证上述条件都能成立的前提下,绩效工资政策才能发挥其现实性的功能。

而在本研究中,绩效工资政策的现实性对教师没有产生影响,一方面是因为本研究在调查时,该政策刚刚实施两年,由于政策传递的滞后性,许多政策的功能还没有真正体现出来,所以其现实性的结果还没有完全在教师的工作状态中反映。另一方面,是政策在设计之初未能全面考虑到现实中的诸多制约,政策在实现条件不够完善的情况下使得现实能大打折扣。例如政策现实性中提到教师能够按时得到自己的绩效工资,国务院的《意见》中也要求"县级财政要优先保障义务教育学校实施绩效工资所需经费"[10]。然而在我国落后地区尤其是西部部分财力严重不足地区,许多的县级财政连"饭"都吃不起,主要靠上级财政的补助资金来保吃饭、保运转,更有甚者靠举借外债或挤占、挪用专项资金过日子。在这种财政状况下,要县级财政每年拿出上亿元的资金用于发放教师绩效工资,显然有些勉为其难。虽然中央和省级财政拿出了大量资金补助市、县两级的教师绩效工资支出,但是每个县至少还要自筹上千万元,这对本就入不敷出、举步维艰的县级财政无疑是一项巨大的负担,因此导致的后果就是拖欠、减少教师的绩效工资,或者"拆东墙补西墙",从学校的运转和发展资金中挤出经费弥补教师绩效工资的资金缺口[271]。这种做法当然会使教师难以感知政策带来直接的现实中的效果,故未能对其工作状态产生促进作用。

政策实施是政策过程理论中的重要环节,政策作用的发挥主要依靠于政策实施的质量。尽管绩效工资政策在美国公共部门尤其是布什总统时期得到大力提倡[6]，但多数人仍对该政策是否在面临各种各样的实施困难后还能产生激励作用而心存质疑[55,221]。基于美国公共部门实行绩效工资的实践，学者们指出"绩效工资政策的原则是好的，但不一定能够应用的好"，实施中可能会因领导在绩效评价的主观性、评价排名的不准确等问题而导致绩效工资政策的公平性大打折扣[24-26]。Pearch 和 Perry 指出绩效工资作为一项激励政策而失败的主要原因是绩效评价过程中的诸多问题[105]。Kellough 和 Lu 则指出绩效工资实施过程中强调绩效评价会损害下属对领导的信任水平[221]。由此可以看出，绩效工资的实施过程中，公平性和上下级的关系是影响政策效果的关键因素。从相关文献研究内容来看，尽管国外对公共部门绩效工资的研究已较为成熟，从员工个体心理到组织管理的研究都已涉及，但此方面的研究在国内尚刚刚起步。国内已有学者对绩效工资政策的实施现状有所探讨，但聚焦多为实施过程中遇到的困难，而政策公平性对个体带来的心理影响仍较少，即使个别的研究也是面向企业的[39]，针对公共服务领域工作人员的实证研究更为罕见，由于绩效工资政策的具体实施是由各地方政府部门和学校组织的，因此学校在实施中的公平性也一定程度上直接反映学校领导的管理水平。

本研究的研究结果发现绩效工资政策实施中的程序公平对教师的工作投入产生了显著的正向影响，而分配公平则未产生影响。这一研究发现一定程度上也印证了以往的相关研究。Greenberg（1986）进行了有关绩效评价公正性的研究，表明其中主要存在两个公平因素[272]。一个是程序要素，包括过程控制、可纠正性和一致性，以及准确性。另一个是分配要素，反映的是公平分配。该研究说明程序公平和分配公平确实是存在区别的。Alexander 等人（1987）第一次大规模地调查了程序公平对组织的独特效应[272]。他们调查了 2800 名联邦政府官员，要求他们评价不同劳动政策和收入的公正感。因素分析表明有三个程序要素（过程控制，可纠正性和整体过程公平）和三个分配要素（晋升公平，处罚公平，整体的分配公平感）。也评价了不同的关键结果变量，如工作满意度，离职意图，信任，应激，领导满意度等。结果表明，程序公平对大多数结果具有独特效应，并且这些效应比分配公平要强烈的多。总之，分配公平和程序公平的区分已经得到很多研究的证实，并且大量的研究都发现高度的程序公平能抵消不利结果的影响[273]。

6.1.2 公共服务动机的作用

公共服务动机作为公共管理领域的热点话题,已经被认为是公共部门员工的重要心理变量[231]。本研究在分析绩效工资政策对教师工作投入的影响过程中,也发现公共服务动机发挥着重要的作用。

从表5-6的结果中可以看出各个模型的F值均显著,控制变量中教师所在学校规模与公共服务动机显著负相关,表明人数越少的学校,教师所具备的公共服务动机越强,而人数越多规模越大的学校,教师的公共服务动机相对而言越弱。这可能是因为教师人数越少的学校规模一般较小,招生数量也较少,硬件设施等均不如大学校先进,因此教师的工作条件较为落后,教师的工作动机更多来自于对职业的热爱和自我牺牲与奉献精神。从第二步模型1中,依旧能够看出学校规模与工作投入的关系呈负相关。可能的解释同样是因为小学校在硬件条件不完善的情况下,教师对工作必须亲力亲为,没有硬件条件好的大学校工作便利,因此在工作上花费的时间就会多一些,同时也由于其公共服务动机水平较高,故对工作投入的程度也就高一些。

研究结果支持了绩效工资政策设计的现实性会对公共服务动机产生U型影响的假设,这与西方心理学家的研究结果是较为相符的。拥挤效应的效果是积极还是消极,取决于个体对外部激励的认识,如果认为外部激励是一种操控手段,内部动机就会削弱,如果认为外部激励是一种激励,内部动机就会增强。弗鲁姆在期望理论中也认为,人总是渴求满足一定的需要并设法达到一定的目标。这个目标在尚未实现时,表现为一种期望,这时目标反过来对个人的动机又是一种激发的力量,而这个激发力量的大小,取决于目标价值(效价)和期望概率(期望值)的乘积[275]。在政策的实际功能能够符合个体的期望时,政策才能对个体产生激励作用,改变工作态度和行为。而实际中这种激励的体现更多的是反映在金钱的经济奖励上,当工资奖励未达到教师的期望和现实需求时,教师会认为该政策仅仅是一种操控手段,因此其内在动机就会降低。只有当绩效工资的功能确实能符合教师的预期时,才能真正起到激励的作用,激发其内在动机如公共服务动机。由于绩效工资政策的现实性主要体现为经济奖励,对于义务教育教师这样的特殊群体,其工作追求的更多是一种职业精神和自身价值的实现,而对经济利益则较为忽视,因此这种现实性一定程度上与一般私人部门的奖励金额设定要有所区别。对于义务教育教师,当经济奖励没有对教师的生活需要起到很大改善,未能发挥金钱的工具性作用时,绩效工资仅具备象征性功能,造成更多的社会比较,反而会削弱公共服务动机。而当经济奖励数额增加到一定程度,对教师的生活需要能起到关键性改善的时候,金钱的工具性和象征性功能兼具,才能真正起到激励的作用,提高教师的公共服务动机。故而形成绩效工资现实性与公共服务动机先抑后扬的U型曲线关系。因此,绩效工资在现实中的奖励必须设定一个合理的数额,不能像"撒胡椒面"一样没有实质性的提高,才会对公共服务动机产生积极影响,起到激励的作用。这也同Frey等学者提出的外在经济激励会对内在动机产生"挤出效应"的理论是符合的[276]。

  研究结果还发现绩效工资政策的公平性对公共服务动机有显著正向影响。Deci和Ryan认为,根据自我决定理论,如果充分的组织目标沟通为工作行为提供依据,内在动机将会增加;另外,系统的绩效反馈可能通过对实际工作效果和知识的经验责任感水平增加而影响到内在动机,好的绩效的反馈可增加内在动机因其能提高员工的感知能力。而无论目标的沟通还是结果的反馈,都体现在绩效工资政策实施的公平性上,尤其是程序公平。分配公平更多体现的绩效工资政策实施结果的公平性上。如前所述,在当前政策实施初期,政策的现实功能还由于政策的滞后性或现实的某些制约而未能充分体现,故分配公平也未能体现,对公共服务动机的影响不显著。

  本研究中公共服务动机对工作投入产生了显著的正向影响。2008年,Perry和vandenabeele结合子社会科学两个领域的研究(利他和亲社会行为研究、社会和组织行为的体制解释),对Perry(2000)的过程理论又做了进一步修改,形成了动机的行为动力理论(Behavioral Dynamics)[231]。他们从体制(institution)水平出发,探索动机是如何从体制内容产生的,又是怎样通过自我概念及其调整(self – regulation process)产生行为,并推演出命题:如果行为的判断标准与公共体制认同相一致,行为可能受PSM支配[226]。有较强公共认同的个体,更重视公共服务目标及承诺。绩效工资政策首先是为了满足教师低层次的需要,即通过收入水平解决教师的衣食住行等生理需求,其次是为了满足教师高层次的需要,即提高社会地位赢得更多尊重,这两方面都是当前我国义务教育教师迫切需要改善的,能够得到教师的充分认同。在此情境下,公共服务动机更易对其行为产生影响。由于公共服务动机是驱使个人从事有意义的公共服务的动力,在这种动力的驱使下,会使从事公共服务性质的工作人员更大程度上具有工作上的使命感和责任感,更倾向于对自身工作的认可和投入,满足于完成工作的成就感和自我价值的实现。

中介效应的检验结果加深了绩效工资政策背景下,对教师内在心理影响的认识。大量文献已经表明外部薪酬会对包括公共服务动机在内的内在动机产生影响,但这种影响的正负与否还一直未有定论。本文在以往学者的研究基础上,分析了绩效工资政策的主要属性与公共服务动机的关系。研究结果发现,整体而言绩效工资政策对公共服务动机的影响是复杂的,不能简单断言该政策会促进会降低公共服务动机。具体地,只有绩效工资政策实施的程序公平才会对公共服务动机产生正向影响,进而在一定程度上提高了教师的工作投入水平。但其现实性如果低于一定程度,则会对公共服务动机产生负面影响,因此在政策实施过程中,绩效工资的具体数额确定要非常科学谨慎。总体而言,上述数据分析结果说明,政策在设计过程中,应重视加强教师的参与和程序的公开公正,将政策的目标内容实施程序等表述的具体清晰,提高教师的公平感才能促发其公共服务动机,即将外在动机有效的转化为内在动机,教师工作投入程度的提高也主要是因为其公共服务动机的提高;但是在政策的具体实现上,合理的薪酬奖励会增强教师的公共服务动机,然而较低的未达到一定数额的经济奖励却对公共服务动机产生削弱作用,因此也未对其工作投入程度产生积极影响。

6.1.3 领导成员交换的作用

本研究对绩效工资政策影响过程中领导成员交换的作用进行了探讨,结果发现绩效工资政策设计的现实性和实施中的公平感,尤其是程序公平与领导成员交换质量和工作投入程度都呈显著的正相关,而分配公平则没有影响。这也验证了Folger和Konovsky(1989)的观点:"员工除了需要公平的收入,更关心决策过程中的公平"[85]。主要的原因是过程中的公平决定了测量绩效的准确程度和对资源的配置,这不仅仅是达到分配公平的工具,更反映了对个体尊严和尊重的程度。因此,人们往往更加强调公平理论中的程序公平。另一方面,大量比较研究都发现公共部门员工较少被经济报酬所驱动,而更多地被内在报酬所驱动,如帮助他人的机会[277]。针对本研究中的义务教育教师,通过对其工作完成情况的认可来提高其公共服务的热情和工作动机远比通过金钱的工具性价值激励更为可行。

领导成员交换与公平性的关系一直备受争议,本研究清晰地证明了领导成员交换在绩效工资公平感与工作投入关系中的部分中介作用,而其中绩效工资公平感主要体现为程序公平,说明教师在感知到绩效工资实施的公平后,获得了较高的领导成员交换质量,进而增强了其工作投入程度。这与近几年来 Lind 等人在研究公平心理判断时提出的公平启发式理论和不确定性管理理论有一定的关系。公平启发式理论是 Lind 等人(1993)年通过实验而提出的,认为人们通过公正感受来判断是否接受权威的指令。其中启发式是指"决定是否接受或拒绝权威人物指令的心理捷径"[278],其假设提出人们一般根据可获得的信息而形成公平启发,进而影响到随后的决策制定;另一个假设就是公平启发可以用来预测信任。不确定性管理理论则是公平启发式理论的发展。这一理论的核心是人们根据公平感来调节自己对不确定性的反应,在对权威可靠性存在不确定时。人们的公正需求最强烈。因此当人们无法直接获取权威可靠性的信息时,如果在分配过程中权威人物采取了公正的程序,他们对权威人物分配结果的反应更为积极[279]。这也就解释了绩效工资的程序公平更能比分配公平提高教师对领导的信任,从而对领导成员交换质量产生正向影响。

教师对于绩效工资分配公平的感知主要体现其劳动付出与报酬是否成比例,因此反映的是个体的劳动能力,而与领导之间的关系并不密切,因此分配公平与领导成员交换之间无显著关系。目前我国的义务教育学校普遍实施校长责任制,绩效工资如何实施充分体现了校长的管理方式和水平。事实上,公平的绩效评价和工资分配过程有助于构建教师对领导的信任。绩效工资的程序公平不仅包括上级对下级评价的公平性,还有方案制定与实施过程中的公平性,因此当员工感受到领导对其有公正的评价和待遇,会对领导心存感激并进一步发展更进一步的关系[175],这直接导致为领导成员交换质量的提升。本研究发现领导成员交换在绩效工资程序公平对工作投入的影响中起部分中介作用,更说明了程序公平直接改善了教师与领导的关系。Gabris 和 Ihrke 指出领导的可信度和鼓励会提高员工对绩效评价和工资的认可程度[220]。本研究也进一步证实了相同的结论,员工与领导的良好的互动关系将有助于绩效工资政策的成功实施。因此对于义务教育学校校长而言,在绩效工资方案制定的过程中,一定要注意工作的方式方法,加强教师的参与和沟通,解决为教师答疑解惑,从而使教师感受到程序的公平和领导的关心,最终提升其工作投入程度。

亚当斯指出,不公平感会使个体产生紧张感,紧张感与不公平程度是成比率的。当员工发觉自己的回报不足、收支比率相对较低时,他们会通过减少努力与缩短工作时间来改变投入,以及要求加薪和离职的方式恢复公平,这些方式对员工个人发展与组织绩效改进来说都具有一定的破坏力。因此,在义务教育阶段中小学实施绩效工资政策时,必须充分考虑教师的公平感受,避免引发较大范围或较大程度的不公平感,防止出现实施了绩效工资之后教师积极性不升反降的尴尬局面。首先,管理者需要注意程序上的公平。有研究者指出,计划和执行决策的过程才是感知公平的决定性因素,而非之后所得结果的多少。当程序被知觉为不公平时,员工会针对组织作出报复性反应。而如果员工感到程序是公平的,那么即使结果不公平,他们也可能不会作出负面反应[280]。从这一意义上来说,程序公平比分配公平更重要。受此启发,中小学在设计与实施绩效工资政策过程中,要注意程序上的民主性与公平性,而其中最为关键的是提前告知、申诉的权利和要求解释的权利。只有这些基本的权利获得了有力的保障,只有程序上的公正得到了教师的认可,绩效工资才有可能发挥其积极的激励作用。其次,公平感是一种主观感受,而不是客观的环境特征,管理者在绩效工资设计与实施过程中要多倾听教师声音,了解教师的感受,及时发现和调整教师心理层面潜在的问题。

6.2 研究结果的理论意义

首先,本研究在政策分析的视角下验证了绩效工资政策对义务教育教师工作投入的影响。以往绩效工资的研究多从绩效工资的个别要素如工资强度、绩效评价等出发,未上升到政策层面进行分析,更少将政策制定和执行者的活动纳入一个整体框架,研究内容较为单薄,不能为上层的政策制定和决策提供更有效的理论依据。从研究结果上看,以往研究中绩效工资对员工的激励效果也颇有争议,虽然有研究发现绩效工资对组织绩效有一定的提升作用[103],但更多的研究结论是负向的,认为绩效工资对员工的工作动机、对领导的信任、个人的绩效等都会有所降低[104]。本研究基于政策过程理论对绩效工资政策进行了剖析,选取政策设计和政策实施的不同阶段的关键要素作为自变量,通过实证研究分析对工作投入的影响。同时结果发现,当前绩效工资政策实施中的程序公平对工作投入有显著正向影响,而政策设计的现实性与实施中的分配公平对工作投入没有影响。该研究发现说明对绩效工资政策的激励作用在不同的政策阶段是有区别的,不能简单定论。该研究不仅拓展了绩效工资研究的分析视角,也进一步丰富了政策研究的内容和方法。

其次,本研究探讨了公共服务动机在绩效工资政策对教师工作投入影响过程中发挥的作用。公共服务动机是目前国际公共管理学界的研究热点,对公共部门工作人员的行为和绩效产生重要的作用。虽然国外大量的绩效工资研究中都涉及了对公共服务动机的影响,但仍缺乏定论。本研究以绩效工资政策设计的现实性和实施的公平性出发,通过对中国义务教育教师的实证研究,发现了当前绩效工资政策中不同属性对公共服务动机的影响。其中政策的现实性则会对公共服务动机产生先抑后扬的作用,而政策实施中的程序公平对公共服务动机产生正向影响,而分配公平与公共服务动机不相关。公共服务动机对教师的工作投入有促进作用,同时在绩效工资政策程序公平与工作投入的关系中发挥部分中介作用。该研究结果进一步丰富了公共服务动机理论,为更好的完善绩效工资政策设计提供有力的理论支持。

再次,本研究发现了领导成员交换在绩效工资政策对工作投入的作用机制,并验证了其中领导成员交换的作用。领导成员交换与公平性的关系一直备受争议,本研究清晰地证明了领导成员交换在绩效工资政策实施中公平感与工作投入关系中的部分中介作用,而其中绩效工资公平感主要体现为程序公平,说明教师在感知到绩效工资实施的公平后,获得了较高的领导成员交换质量,进而增强了其工作投入程度。教师对于绩效工资分配公平的感知主要体现其劳动付出与报酬是否成比例,因此反映的是个体的劳动能力,而与领导之间的关系并不密切,因此分配公平与领导成员交换之间无显著关系。该研究发现为 Folger(1989)的公平理论提供了实证支持,进一步丰富了公平理论。研究结果还发现绩效工资政策的现实性对领导成员交换有正向影响。

最后,本文的研究背景对以往研究进行了进一步的拓展。关于绩效工资的研究目前较多集中于西方国家,而在我国有限的研究中也多聚焦于私人部门,采用的方法多为理论分析,实证研究较少。另外,面向我国公共部门员工的公共服务动机、领导成员交换等研究内容也较为缺乏,亟待进一步拓展和深入。在此背景下,本文对义务教育教师为代表的我国公共事业单位工作人员进行实证研究,丰富了我国的公共管理研究理论和方法,为后续研究打下了基础。

6.3 研究结果的实践意义

绩效工资政策在公共服务领域是否适用一直是一个备受争议的话题。本研究通过对我国义务教育教师的调查发现,政策的不同阶段和不同要素对于教师的心理影响是有较大差异的。只有在了解绩效工资政策的影响程度和影响途径的基础上,才能对政策进行更好的改进,在实践中制定出更好的保障政策效果和顺利实施的管理措施。本研究的实践意义具体在于如下四个方面:

首先,分析了绩效工资政策的不同属性在不同政策阶段对义务教育教师工作投入的影响。研究结果证明绩效工资政策实施的程序公平是影响员工公共服务动机、领导成员交换和工作投入的重要因素。理解政策在政策过程作用的要旨在于理解政策需求如何形成,以及政策行动者如何表述这种需求[281]。一般而言,政策是指在一定的历史时期和特定的国情条件下,国家为了实现特定的目标,以权威形式标准化地规定在一定的历史时期内,应该达到的奋斗目标、遵循的行动原则、完成的明确任务、实行的工作方式、采取的一般步骤和具体措施。一项政策方案的产生,往往是因为旧的制度和体制不能适应新的形势的发展,经过长期的演变和利益集团的博弈过程而形成的[68]。只有各方都认为该政策是迫在眉睫,亟待实施的时候,政策才能够被各方所认可和实施。因此,在政策设计时,要使教师理解为什么要实施新政策,他们必须了解改革的重要性,并且同意这项改革符合他们学校的实际,通过让老师们认识到改革可以帮助解决教育中的问题促使他们接受新的政策[95]。绩效工资政策与教师的切身利益息息相关,从政策出台的背景上看,一方面是对2006年事业单位工资改革未完成部分的延续,另一方面也是深化学校人事制度改革、保障教育均等化综合配套改革的一个重要组成部分。从政策的内容上看,对规范学校收费行为和经费管理,提高教师职业自豪感,体现多劳多得、优绩优酬的按劳分配原则,使工资收入分配真正向一线和骨干教师倾斜起到重要作用。针对近年来义务学校教师的工资收入与公务员之间的收入差距较大,教师社会地位随着经济地位的下滑而有所下降,以及有些学校对学生"乱收费",对教师"大锅饭""干多干少一个样"的情况下,绩效工资政策无疑是十分必要的。因此在设计过程中,要尽量保证实施方案符合实际,以及各方面信息的公开、透明,加大教师的参与程度,使政策内容明晰且具有可操作性。另外,绩效工资政策的效果要多方面衡量,不应仅仅关注教师工资如何计算,以及收入增减多少,而应将这一政策作为绩效管理的有效工具,通过制定绩效考核方案而使教师更加明确学校发展的愿景和个人努力的目标,从而使整体教育水平得以提高。

其次,明确了绩效工资政策设计的现实性与公共服务动机的关系。绩效工资政策的效果不应仅体现在教师收入的增减上,还应具有更长远的指导意义。国家的政策是对宏观远景的一个规划和描述,是政策设计预期的美好愿景,但对于教师而言,政策目标离自身的切身利益距离仍较远,因此未能触动人的内在动机。而政策的清晰性则为教师更加详细地描述了政策具体的内容和实现途径,更易于教师理解并与自己的利益联系,这种外在的激励以正式的制度化的形式存在,极易得到教师的认可并转化为内在动机,由此促发其公共服务动机。由于政策设计的现实性对教师公共服务动机先抑后扬的作用,因此要加强政策承诺内容的落实,在经济奖励上根据地方经济发展水平,实事求是,切实制定出能激发教师公共服务动机的工资奖励标准。另一方面,由于绩效排名较好的教师会受到更多的奖励,更深刻地认识到了该政策的好处,则会认为该政策十分必要,并因此更加热爱自己的工作,提高了工作的热情和职业自豪感,加强了公共服务动机。而绩效排名较低的教师则因低绩效而没有受到奖励,甚至收入会比以前还有所下降,一定程度上则会对该政策产生不满,认为不如以前的政策,不如不实行,同时也会觉得工作没有得到认可,影响到自身的公共服务动机。同样,绩效工资政策的清晰表述,会使教师更加明确自身的努力目标,以及获得奖励的原由,从而更加明确今后的努力目标,增强了公共服务意识;反之,排名较低的教师即使在政策清晰表述的情况下,也会因为自身得不到相应的利益,会形成对政策的不满,导致公共服务动机的奖励。因此,应加强对获得奖励的教师加大师德和职业教育,促使其产生更强的公共服务动机;对评价较差教师多赋予关心和精神鼓励,开展多种多样的活动弥补这些教师的失落感,恢复其对工作的信心和公共服务动机。

第三,明晰了绩效工资政策实施中管理行为的重要性,为保证政策实施提高政策效果提供新思路。本研究结果也表明绩效工资的分配结果公平感并未对教师的工作投入产生影响,可能的解释是教师对工资的增减并不是非常关注,而更关注的是绩效工资实施的过程是否公平,当教师感受到工资制定的过程非常公平、合理、科学,会增强起对组织的信任和职业自豪感进而努力工作。因此,在向公共服务领域大力推行绩效工资的同时,更重要的是完善实施的程序,加强员工的参与性使工资的制定过程更加公开公正民主,这样才能真正使绩效工资政策起到激励作用。本研究还发现领导成员交换在绩效工资程序公平对工作投入的影响中的部分中介作用,更说明了程序公平直接改善了教师与领导的关系。因此对于义务教育学校校长而言,在绩效工资方案制定的过程中,一定要注意工作的方式方法,加强教师的参与和沟通,解决为教师答疑解惑,从而使教师感受到程序的公平和领导的关心,最终提升其工作投入程度。

最后,研究还发现调查对象的年龄和教龄与教育程度、程序公平感知呈负相关,与工作投入成正相关。可能的解释是随着教师队伍的年轻化和教育程度的提高,教师对学校事务的参与意识也越来越强,因此,年轻教师对绩效工资的公平性尤其是程序公平的要求比老教师要更强一些,感受到的公平感就较弱。因此,学校应更加重视年轻教师的意见和要求,加强对年轻教师的政策宣传和解释,创造更多的机会让他们参与到组织管理活动中来,并鼓励其为学校的长期发展建言献策,促使学校管理和自身职业发展共同进步。

7 结论与展望

7.1 主要研究结论

本研究在我国义务教育教师绩效工资政策背景下,基于相关理论和现实案例分析的基础上,构建了绩效工资政策影响分析模型,并聚焦于政策设计和政策实施下层面的相关变量,探讨了该政策对教师心理和工作态度的影响及途径,构建了相关假设并进行了实证检验。主要工作包括:首先,对已有关于公共部门绩效工资的相关研究进行梳理和总结,结合前期调研访谈等积累的案例进行分析,发现绩效工资政策是一个自上而下、多方参与、程序复杂的过程,对其效果的分析不能进聚焦于政策的某一点,而应从动态的角度进行多层面的分析;其次,基于政策过程理论,将绩效工资政策聚焦于政策设计的现实性和政策实施的公平性两个关键属性,探讨对教师个体心理的影响,构建了绩效工资政策对教师心理产生影响的关键变量和研究框架;再次,确定了对上述研究框架及假设进行验证的方法,从分析对象的确定、样本收集和调查实施等进行阐述,设计了相应量表和采用的统计分析方法;最后,对回收的有效问卷进行数据分析,在实证数据的支持下,对前文理论假设进行了检验。最终,本研究形成以下结论:

第一,绩效工资政策设计的现实性未对教师的工作投入产生影响,而绩效工资政策的现实性对教师没有产生影响,说明目前该政策在我国义务教育教师群体还未发挥应有的效果,一方面可能是因为政策设计上还存在缺陷,在具体的政策内容和实施策略上还有待进一步完善;另一方面也可能由于本研究在调查时,该政策刚刚实施两年,由于政策传递的滞后性,许多政策的功能还没有真正体现出来,所以其现实性的结果还没有完全在教师的工作态度中反映出来。

第二,绩效工资政策实施的公平性对工作投入产生正向影响,其中程序公平的影响显著,而分配公平的影响并不显著。研究结果说明绩效工资政策实施中的程序公平不仅仅决定了绩效评价的准确性和绩效工资分配的合理性,更反映了对教师个体尊严和尊重的程度,因此能对教师的工作投入产生影响。而分配公平主要反映教师对经济收入的重视程度,由于教师本身职业的公共服务特性,以及其具备更高的公共服务动机,因此经济上的奖励并不能驱动其更高的工作投入水平。绩效工资政策实施中程序公平对工作投入的积极影响进一步说明了在绩效评价与工资分配活动中,程序公平的作用比分配结果的公平更为重要,并能在一定程度上减少负面的影响。因此在政策实施过程中应格外重视教师的参与和意见的采纳,提高教师的公平感,使教师更加明确政策实现的途径和具体内容,看到政策目标实现的可能性。

第三,绩效工资政策的现实性会对公共服务动机产生正U型曲线的影响关系。政策的现实性体现了政策在现实中具体的可操作性和实质性的体现。由于绩效工资政策的现实性主要体现为经济奖励,对于义务教育教师这样的特殊群体,其工作追求的更多是一种职业精神和自身价值的实现,而对经济利益则较为忽视,因此当这种现实性的实现程度没有达到教师期望的标准,则起不到激励作用,会对内在动机产生挤出效应,降低教师的公共服务动机。而在现实的实现程度高的时候,绩效的经济奖励能够满足教师的生活需要,政策得到教师的认同,从而会产生激励作用,提高教师的公共服务动机。因此要减少经济奖励之间的差距,避免过高或过低的收入差距。对获得奖励的教师要加强职业道德宣传教育,对未获得奖励的教师要在肯定其工作的基础上加大鼓励。

第四,公共服务动机在绩效工资政策公平性对教师工作投入的影响过程中发挥重要作用。具体而言,政策实施中的程序公平会对公共服务动机产生正向影响,分配公平未对公共服务动机产生影响,公共服务动机对工作投入有积极促进作用,由此导致公共服务动机在程序公平对工作投入的影响中发挥部分中介的作用。这说明政策实施中程序的公平使教师更加清楚的了解政策具体的内容和实现途径,更易于教师理解并与自己的利益联系,这种外在的激励以正式的制度化的形式存在,极易得到教师的认可并转化为内在动机,由此促发其公共服务动机,并进一步对教师的工作投入产生积极影响。

第五,绩效工资政策实施中的程序公平和分配公平会对教师与上级的领导成员交换质量产生显著正向影响,同时领导成员交换在程序公平与工作投入的关系中发挥部分中介作用。该研究结果进一步说明公平性直接改善了教师与领导的关系。公平的绩效评价和工资分配程需有助于构建教师对领导产生信任,当员工感受到领导对其有公正的评价和待遇,会对领导心存感激并会发展更进一步的关系,这直接导致为领导成员交换质量的提升,同时在较高的领导成员交换质量下,教师对领导的管理以及被分配的工作任务更加认可,愿意更好地完成工作,从而体现为较高的工作投入程度。

总体而言,本文从研究背景上扩展了以前的研究。现有的绩效工资的影响研究,特别是实证研究,主要集中在私人部门和政府部门。私人部门和政府部门的特殊性使其研究结论很难一般化到公共服务领域的工作人员当中。同时大量的公共部门的绩效工资实践经验和研究都来自于国外,其研究结论在我国的适用性由于国情和文化背景的差异还有待考察。我国公共部门的绩效工资实践刚刚起步于公共事业单位,作为提供普遍公共教育服务的主要部门,义务教育学校具有提供公共服务的一般性,也因其与企业和政府部门的差异而具有特殊性,因此研究义务教育教师的绩效工资政策将扩展国内外绩效工资研究的内容和范围,为其他部门的政策制定和实施提供理论依据和借鉴。

7.2 本文的创新点

与现有研究相比,本文的创新性工作主要表现在以下几个方面:

第一,构建了绩效工资政策与工作投入之间的关系模型。基于政策过程理论,本文将政策设计中的现实性和政策实施过程中的公平性纳入整体模型进行研究。通过集成现有关于绩效工资对员工态度和行为影响的研究,解释绩效工资政策不同阶段对公共事业单位员工心理产生影响的作用机制。研究结果发现,绩效工资政策现实性对工作投入的影响并不显著,说明我国对在公共事业单位进行绩效工资政策目前还未达到预期效果,政策设计应更加审慎,需要进一步探讨政策现实效果不佳的原因。这在一定程度上与国外 Kellough(2002),Perry(2004)等人的研究结果相符。另外还发现,绩效工资政策实施的程序公平对于教师的工作投入有显著正向影响,而分配公平并未对教师的工作投入产生影响,验证了 Folger 和 Konovsky(1989)的观点:"员工除了需要公平的收入,更关心决策过程中的公平"。该结果进一步说明了绩效工资政策实施的效果很大程度上取决于实施过程中的公平公正,而非最终收入增减的程度。因此,不能简单的断言绩效工资政策是好还是坏,而要通过分析绩效工资政策过程中不同因素产生的作用,进一步促进好的效果的产生并抑制负面的效果。

第二,提出并验证了绩效工资政策与义务教育教师公共服务动机之间的关系。研究结果发现,绩效工资政策的现实性对公共服务动机的影响呈正 U 形,说明绩效工资政策是能对教师的公共服务动机起到一定的促进作用,但其在现实中经济性的功能会在一定程度上降低教师的公共服务动机,形成先抑后扬的态势,拓展了 Frey 等学者提出的外在经济激励会对内在动机产生"挤出效应"的理论。同时研究结果还发现绩效工资政策实施的程序公平会对教师的公共服务动机产生正向作用,而分配公平则不产生影响,进一步丰富了 Perry 提出的公共服务动机的因果模型。

第三,发现了绩效工资政策与义务教育教师领导成员交换质量之间的关系。研究结果表明绩效工资政策的现实性会对教师的领导成员交换质量呈显著正向影响,以往研究中对领导成员交换的前因变量较多关注于员工特征与情境变量,本研究是将"外部激励"这一心理学上的重要概念应用到领导行为研究领域的有益尝试。另外,还发现绩效工资政策实施的程序公平和分配公平会对教师的领导成员交换质量产生正向影响。这是对 Lind 等人通过实验研究提出的公平启发式理论的重要补充,进一步说明了人们通过公正感受来判断是否接受权威人物的指令,在研究方法上也对上述理论进行了有益的补充。

第四,揭示了领导成员交换在绩效工资政策公平性和工作投入之间起到的部分中介作用。Gersterna 和 Day,Katrinli(2010)的相关研究都曾把领导成员交换作为公平感与员工工作态度之间的重要中介变量,在此基础上,本文进一步提出领导成员交换在绩效工资政策公平性与教师工作投入之间起中介作用的假设。实证研究结果表明领导成员交换在绩效工资政策程序公平与工作投入之间起部分中介作用。上述研究发现进一步说明了绩效工资政策实施过程中,组织管理的水平比政策本身的经济性功能更为重要,强调了绩效工资政策实施过程中领导合理处理与员工关系的重要性。总之,本研究以社会交换和动机的视角对我国义务教育教师进行分析,突出了绩效工资政策的特有属性和公共服务领域人员的心理特点,其结果对于推动公共事业单位绩效工资改革,通过科学合理的制度激励员工,提高公共服务质量具有重要指导意义。

7.3 研究局限与未来展望

本研究在国内外关于公共部门绩效工资研究的基础上,基于政策过程理论、动机理论和社会交换理论,对我国义务教育教师绩效工资政策背景下探讨了绩效工资政策、公共服务动机、领导成员交换与工作投入的关系,运用案例研究和调查研究的方法对研究假设进行了验证,研究结果对于推动公共事业单位绩效工资改革,通过科学合理的制度激励员工,提高公共服务质量具有重要指导意义。尽管本研究基本达到了预期的研究目标,具有一定的创新性和理论、实践意义,但也还存在一定的局限性,主要表现在以下几个方面:

首先,将政策作为研究自变量来探讨绩效工资政策对个体心理和行为的影响是一个新的尝试,但迄今为止,对政策进行分析的方法和途径还没有达成共识,因而对政策不同阶段和要素的定义也没有统一的认识。本研究只是从我国义务教育教师绩效工资政策的发展现状出发,在综合国内外相关学者对政策过程分析的基础上,根据自己的理解和本研究的需要,选取政策设计和政策实施中的部分关键要素进行分析。在此基础上,聚焦于政策设计的"现实性",和政策实施的"程序公平"与"分配公平"两个维度加以论述。而在整个政策发展历程中,这些内容是远远不够的,还需要从更广阔的视角和更深刻的分析来揭示绩效工资政策的影响机理。

其次,在本文的模型构建和假设提出中,虽然考虑了地区和学校和规模的影响,但未能考虑整个制度所依存的的社会背景因素和其他约束条件,如地方政府的财政能力将对绩效工资的按时发放产生一定影响。另外,对教师的影响仅限于感知心理层面,由于条件限制未能获取更为客观的绩效数据,来探讨对个体和组织绩效影响,得出更为丰富的结论,对现实也将更具指导意义。在今后的研究中应加上其他经济社会等变量进行分析,更为深刻地揭示绩效工资政策产生的影响;

第三,研究样本主要来源于陕西和广东两省,未包含我国中部及东部长三角地区,使得研究结论的普适性受到一定限制。同时由于本研究选取刚刚实施绩效工资两年的义务教育教师为调查对象,该政策的实施仍处于摸索和完善阶段,目前的研究仅能反映政策初始阶段的效果,因此有必要在今后开展长期的调查进行时间序列的分析,以评估绩效工资政策实施的真实效果和长远意义。今后还可扩大样本的职业范围和地区范围进行更深入的研究,使研究结论更具普适性。

针对上述研究的不足,我们认为未来的研究应该更加深入的分析公共部门中绩效工资政策过程中的不同维度和构成对个体和组织的各种影响。特别是要针对我国的制度和文化背景,分析绩效工资影响的各种途径和特点,以及不同属性的部门在实施绩效工资政策时可能存在相同和不同之处。另外,采用多种研究方法和更加成熟的统计分析技术进行实证研究,获取更加稳定的研究结果。

参考文献

[1] Holmes MDS. Management Reform: Some Practitioner Perspectives On The Past Ten Years. [J]. Governance,1995,(8):551-578.

[2] 周志忍. 当代国外行政改革比较研究[M]. 北京:国家行政学院出版社,1999:246.

[3] 李大林. 西方发达国家公务员激励机制的特点及启示[J]. 理论探讨,2008,5(144):14-44.

[4] 李和中. 比较公务员制度[M]. 北京:中共中央党校出版社,2003.

[5] Kirkner R. Pioneering Performance Pay. Federal Times,2008:23.

[6] Bowman JS. The Success Of Failure:The Paradox Of Performance Pay[J]. Review Of Public Personnel Administration,2010,30(1):70-88.

[7] 关于分类推进事业单位改革的指导意见. In:中共中央国务院,2011.

[8] 关于印发事业单位工作人员收入分配制度改革方案的通知. In:中华人民共和国人事部,中华人民共和国财政部. 国人部发[2006]88号. 国务院,2006.

[9] 事业单位工作人员收入分配制度改革实施办法. In:人事部. 国人部发(2006)59号,2006.

[10] 关于义务教育学校实施绩效工资的指导意见. In:人力资源社会保障部,财政部,教育部,2008.

[11] 王红茹. 事业单位绩效工资改革新政可能近期出台. 中国经济周刊,2011年6月11日.

[12] 刘华蓉. 绩效工资实施取得阶段性成果,激励机制是关键. 中国教育报,2009年12月4日.

[13] 完颜华. 教师绩效工资改革惹争议. 甘肃经济日报,2010年1月12日.

[14]张扬.美国:奥巴马力推教师绩效工资[J].教育,2009,(13):61.

[15]Risher HA. Pay For Performance:A Guide For Federal Managers[M]. Washington,DC:IBM Center For The Business Of Government U. S. Merit Systems Protection Board,2004.

[16]时蓉华.新编社会心理学概论[M].北京:东方出版中心,1998.

[17]Remedios R,Boreham,N. Organizational Learning And Employee's Intrinsic Motivation[J]. Journal Of Education And Work,2004,(2):219-233.

[18]陈志霞,吴豪.内在动机及其前因变量[J].心理科学进展,2008,16(1):98~105.

[19]Deci EL,Koestner R. A Meta-Analytic Review Of Experiments Examining The Effects Of Extrinsic Rewards On Intrinsic Motivation[J]. Psychological Bulletin,1999,125(6):627-668.

[20]Eisenberger R,Shanock L. Rewards,Intrinsic Motivation,And Creativity:A Case Study Of Conceptual And Methodological Isolation[J]. Creativity Research Journal,2003,15(2):121-130.

[21]李小华.公共服务动机的结构及测量[J].武汉大学学报(哲学社会科学版),2008,61(6):797-802.

[22]Perry,JL. WLR. The Motivational Base Of Public Service[J]. Public Administration Review,1990,50th Year:367-372.

[23]Houston DJ. Public Service Motivation:A Multivariate Test[J]. Journal Of Public Administration Research And Theory,2000,10(4):713-728.

[24]Gerhart B,Rynes,SL. Compensation:Theory,Evidence,And Strategic Implications,[M]. Thousand Oaks,CA:Sage,,2003.

[25]Heneman RL,Werner,JM. Merit Pay:Linking Pay To Performance In A Changing World[M]. Greenwich,CT.:Information Age Publishing,2006.

[26]Rynes SL,Gerhart,B.,Parks,L. Personnel Psychology:Performance Evaluation And Pay For Performance[J]. Annual Review Of Psychology,2005,56:571-600.

[27]Lzaear EP. Performance Pay And Productivity.[J]. American Economic Re-

view,2000,90 (5):1346 – 1361.

[28] Gielen AC, Kerkhofs MJ, Van Ours JC. How Performance Related Pay Affects Productivity And Employment [J]. Journal Of Population Economics, 2010, 23 (1): 291 –301.

[29] Mcnabb R, Whitfield K. The Impact Of Varying Types Of Performance Related Pay And Employee Participation On Earnings. [J]. International Journal Of Of Human Resource Management,2007,18 (6):1004 ~ 1025.

[30] Werner S, Ward SG. Recent Compensation Research: An Eclectic Review[J]. Human Resource Management Review,2004,14 (2):201 –227.

[31] Campbell DJ, Campbell, KM, Chia, HB. Merit Pay, Performance Appraisal, And Individual Motivation: An Analysis And Alternative. [J]. Human Resource Management Review Management,1998,37 (2):131 –146.

[32] Schay BW. Impacts Of Performance – Contingent Pay On Employee Attitudes. Public Personnel Management[J]. 17,1998,2 (237 –250).

[33] Heneman RL, Greenberger, D. B. , Strasser, S. The Relationship Between Pay For Performance Perceptions And Pay Satisfaction. [J]. Personnel Psychology,1988,41 (4):745 –759.

[34] Green C, Heywood, J. S. . Does Performance Pay Increase Job Satisfaction? [J]. Economic,2008,75 (4):710 ~ 728.

[35] Huber VL, Seybolt, PM, Venemon, K. The Relationship Between Individual Inputs, Perceptions, And Multidimensional Pay Satisfaction [J]. Journal Of Applied Social Psychology,1992,22 (17):1356 –1373.

[36] Kellough JE, Nigro, LG. Pay For Performance In Georgia State Government: Employee Perspectives On Georgia Gain After 5 Years[J]. Review Of Public Personnel Administration,2002,22 (2):146 –166.

[37] Dowling B, Richardson, R. Evaluating Performance – Related Pay For Managers In The National Health Service[J]. International Journal Of Human Resource Management,1997,8 (3):348 –366.

[38] Brown M. Merit Pay Preferences Among Public Sector Employees[J]. Human Resource Management Journal,2001,11(4):38-54.

[39]杜旌.绩效工资:一把双刃剑[J].南开管理评论,2009,12(3):117-124.

[40]胡四能.美国教师绩效工资改革述评以20世纪80年代以来的改革为对象[J].现代教育论丛,2004,12(2):17-21.

[41]钱磊.美国教师绩效工资制度的分析与反思[J].教师教育研究,2008,7(1):35-39.

[42]胡耀宗,童宏保.义务教育教师绩效工资政策执行中的问题及解决策略[J].教师教育研究,2010,(4):38-42.

[43]贾建国.美国中小学教师绩效工资改革及其对我国的启示[J].比较教育研究,2009,9:26-30.

[44]刘美玲.美国基础教育阶段教师绩效工资实施方案及成效分析[J].教育发展研究,2010,3:78-84.

[45] Kilpatrick FP, Milton, C, Cummings, Jr., Jennings, M. K. The Image Of The Federal Service[M]. Washington, D. C. :Brookings Institution.,1964.

[46] Rainy HG. Public Agencies And Private Firms:Incentive Structures, Goals And Individual Roles[J]. Administration And Society,1983,15(2):207-242.

[47] Deci EL, Ryan, R. M. The "What" And "Why" Of Goal Pursuits: Human Needs And The Self-Determination Of Behavior[J]. Psychological Inquiry,2000,11(4):227-269.

[48]张康之.寻找公共行政的伦理视角[M].北京:中国人民大学出版社,2002.

[49] Moynihan D, Editor. The Normative Model In Decline? Public Service Motivation In The Age Of Governance. Oxford University Press:Oxford, UK.,2008.

[50]诺斯.制度、制度变迁及经济绩效[M].上海:上海三联书店,1994.

[51] Salimaki J. Perceptions Of Politics And Fairness In Merit Pay[J]. Journal Of Managerial Psychology,2010,25(3):229-251.

[52]朱华杰,柯晶.公共部门员工激励机制原则研究[J].当代经理人,2006,

（7）:18-22.

[53]Beer M,Cannon,MD. Promise And Peril In Implementing Pay – For – Performance[J]. Human Resource Management,2004,43（2）:3-48.

[54]Levy PE,Williams JR. The Social Context Of Performance Appraisal：A Review And Framework For The Future[J]. Journal Of Management,2004,30（4）:881-905.

[55]Perry JL,Engbers,TA,Jun,SY. Back To The Future? Performance – Related Pay,Empirical Research,And The Perils Of Persistence[J]. Public Administration Review,2009,69（1）:1-31.

[56]Harris L. Rewarding Employee Performance：Line Managers'Values,Beliefs And Perspectives[J]. International Journal Of Human Resource Management,,2001,12（3）:1182-1192.

[57]何华兵,万玲.发展中的政策过程理论—我国政策过程理论发展回顾与展望[J].云南行政学院学报,2006,(6):71-73.

[58]刘海波,靳宗振.政策过程与政策质量[J].科学与社会,2011,1（3）:84-95.

[59]保罗.A.萨巴蒂尔.Editor 政策过程理论[M].北京:生活.读书.新知三联书店,2004.

[60]詹姆斯.E.安德森.Editor 公共政策[M].北京:华夏出版社,1990.

[61]Laswell,Harold D. The Desicion Process[M]. Park：University Of Maryland Press,1956.

[62]Deleon P,Editor The Stages Approach To The Policy Process. Westview Press Boulder,CO 1999.

[63]Howlett M,Ramesh M. Studying Public Policy：Policy Cycles And Policy Subsytems[M]. Oxford：Oxford University Press 1995.

[64]陈庆云.公共政策分析[M].北京:中国经济出版社,1996.

[65]张国庆.现代公共政策导论[M].北京:北京大学出版社,1997.

[66]张金马.政策科学导论[M].北京:中国人民大学出版社,1992.

[67]陈振明.政策科学[M].北京:中国人民大学出版社,1998.

[68]杨正联.公共政策过程中的决策博弈行为分析[J].软科学,2005,16(5):46-50.

[69]王玉明.公共政策执行失控:探因与防治[J].岭南学刊,1999,18(4):32-36.

[70]钱再见.公共政策执行的风险因素分析[J].江苏社会科学,2001,25(6):64-70.

[71]张劲松,骆勇.政策过程的制度公正与博弈均衡[J].理论探讨,2007,137(4):155-158.

[72]杨永福,李必强,海峰,周健.动机、行为和激励分析[J].中国管理科学,2008,8(11):142-148.

[73]吴国辉.西方动机理论的发展对思想政治教育激励方法的启示[J].理论观察,2006,40(4):103-105.

[74]Cropanzano R,editor Justice in the Workplace:from Theory to Practice. Lawrence Erlbum Associates, Incorporated:Mahwah,NJ,2001.

[75]Greening T. Abraham Maslow:A Brief Reminiscence.[J]. Journal Of Humanistic Psychology,,2008,48(4):443-444.

[76]Maslow A. Towards A Psychology Of Being[M]. New York:Wiley,1998.

[77]Herzberg F. The Motivation-Hygiene Concept And Problems Of Manpower"[J]. Personnel Administration,1964,(1):3-7.

[78]Herzberg F. One More Time:How Do You Motivate Employees?[J]. Harvard Business Review 1968,46(1):53-62.

[79]Bandura A. Self-Efficacy:Toward A Unifying Theory Of Behavioral Change.[J]. Psychological Review,1977,84(2):191-215.

[80]Eerde WV,Thierry,H. Vroom's Expectancy Models And Work-Related Criteria:A Meta-Analysis[J]. Journal Of Applied Psychology,1996,81(5):575-586.

[81]周三多,陈传明.管理学原理[M].南京:南京大学出版社,2009.

[82]Adams JS. Toward An Understanding Of Inequity[J]. Journal Of Abnormal

And Social Psychology,1963,67（1）:422 – 436.

[83] Thibaut J,Walker L. Procedural Justice:A Psychological Analysis [M]. Hillsdale,NJ:Erlbaum,1975.

[84] Greenberg J. A Taxonomy Of Organizational Justice Theories[J]. Academy Of Management Review,1987,12（1）:9 – 22.

[85] Folger R,Konovsky MA. Effects Of Procedural And Distributive Justice On Reactions To Pay Raise Decisions[[J]. Academy Of Management Journal,1989,32（4）:115 – 130.

[86] Konovsky MA,Cropanzano R. Perceived Fairness Of Employee Drug Test In Gasa Predictor Of Employee Attitudes And Job Performance[J]. Journal Of Applied Psychology,1991,76（3）:698 – 707.

[87] Moorman RH. Relationship Between Organizational Justice And Organizational Citizenship Behaviors:Do Fairness Perceptions Influence Employee Citizenship？[J]. Journal Of Applied Psychology,1991,76（4）:845 – 855.

[88] 张润书. 组织行为与管理[M]. 台北:五南图书出版公司,1990.

[89] Homans GC. Social Behavior As Exchange[J]. American Journal Of Sociology,1958,63（6）:597 – 606.

[90] Blau P. Exchange And Power In Social Life[M]. New York:Wiley,1964.

[91] Laura,Editor. Social Exchange Theories. Thousand Oaks:Standford,2008.

[92] Dansereau FJ. A Dyadic Approach To Leadership:Creating And Nurturing This Approach Under Fire[J]. Leadership Quarterly,1995,6（4）:479 – 490.

[93] Herpen VM,Praag,VM,Cools KA. The Effects Of Performance Measurement And Compensation On Motivation:An Empirical Study[J]. DE Economist,2005,153（7）:303 – 329.

[94] 谭明方. 社会学理论研究[M]. 武汉:华中科技大学出版社,2002.

[95] Fullan M. The New Meaning Of Educational Change[M]. New York:Teacher College:Colombia University,2001.

[96] Datnow A. Power And Politics In The Adoption Of School Reform Models[J].

Educational Evaluation And Policy Analysis,2000,22(3):357-374.

[97] Van VR.; Smyth LF, Vandenberghe R. Implementing Educational Policy At The School Level,Organization,Dynamics And Teacher Concerns[J]. Journal Of Educational Administration,2001,39(1):8-23.

[98] Doyle W, Ponder, GA. The Practicality Ethic In Teacher Decision Making[J]. Interchange,1977,8(1):1-12.

[99] Tuytens M, Devos, G. Teachers' Perception Of The New Teacher Evaluation Policy:A Validity Study Of The Policy Characteristics Scale[J]. Teaching And Teacher Education,,2009,25(6):924-930.

[100] Thierry H. Payment By Result Systems:A Review Of Research 1945-1985 [J]. Applied Psychology,1987,36(1):91-108.

[101] Fletcher C, Perry, E. Performance Appraisal And Feedback: A Consideration Of National Culture And A Review Of Contemporary Research And Future Trend[M]. London:Sage,2001.

[102] Klein HJ, Snell, SA. The Impact Of Interview Process And Context On Performance Appraisal Interview Effectiveness[J]. Journal Of Managerial Issues,1994,6 (2):160-175.

[103] Greiber MJ, Hatry, HE, Annie, P, Et Al. Monetary Incentives And Work Standards In Five Cities:Impacts And Implications For Management And Labor[M]. Washington,DC:Urban Institute Press,1977.

[104] Hatry PH, Greinner, MJ, Gollub, RJ. An Assessment Of Local Government Management Motivational Programs:Performance Targeting With And Without Monetary Incentives[M]. Washington,DC:Urban Institute Press,1981.

[105] Pearce JL, Perry, JL. Federal Merit Pay:A Longitudinal Analysis[J]. Public Administration Review,1983,43(4):315-325.

[106] Gabris TG, Mitchell, K. Personnel Reforms And Formal Participation Structures:The Case Of The Biloxi Merit Councils.[J]. Review Of Public Personnel Administration,1986,6(3):94-144.

[107] Gabris TG, Mitchell, K. The Impact Of Merit Raise Scores On Employee Attitudes: The Matthew Effect Of Performance Appraisal[J]. Public Personnel Management, 1988, 17 (4): 369 - 386.

[108] Kellough JE, Selden, SC. Pay - For - Performance Systems In State Government: Perceptions Of State Agency Personnel Managers[J]. Review Of Public Personnel Administration, 1997, 17 (1): 5 - 21.

[109] Marsden D. The Role Of Performance - Related Pay In Renegotiating The " Effort Bargain": The Case Of The British Public Service[J]. Industrial And Labor Relations Review, 2004, 57 (3): 350 - 370.

[110] Egger P, Gerhard, I. , Hammerschmid. Motivation, Identification, And Incentive Preferences As Issues For Modernization And HR Strategies In Local Government - First Evidence From Austria[C]. Madrid, Spain, 2007.

[111] Earley PC, Northcraft, GB. , Lee, C, Et Al. . Impact Of Process And Outcome Feedback On The Relation Of Goal Setting To Task Performance[J]. Academy Of Management Journal, 1990, 33 (12): 87 - 105.

[112] Roberts GE, Reed, T. Performance Appraisal Participation, Goal Setting And Feedback[J]. Review Of Public Personnel Administration, 1996, 16 (4): 29 - 60.

[113] Perry LJ, Mesch, D. , Paarlberg, L. Motivating Employees In A New Governance Era: The Performance Paradigm Revisited [J]. Public Administration Review, 2006, 66 (4): 505 - 514.

[114] Pat M, Ian, M, Hextall, I. The Emotional Impact Of Performance - Related Pay On Teachers In England[J]. British Educational Research Journal, 2004, 30 (3): 435 - 456.

[115] Behn DR. The Big Questions Of Public Management[J]. Public Administration Review, 1995, 55 (4): 313 - 324.

[116] Brewer GA, Selden, SC. Whistle Blowers In The Federal Civil Service: New Evidence Of The Public Service Ethic[J]. Journal Of Public Administration Research And Theory, 1998, 8 (3): 413 - 439.

[117] Diulio JR. Principled Agents: The Cultural Bases Of Behavior In A Federal Government Bureaucracy[J]. Journal Of Public Administration Research And Theory, 1994, 4 (3): 277-318.

[118] 曾军荣. 公共服务动机: 概念、特征与测量[J]. 中国行政管理, 2008, 272 (2): 21-24.

[119] 叶先宝、李纡. 公共服务动机: 内涵、检验途径与展望[J]. 公共管理学报, 2008, 5 (1).

[120] Perry JL. Bringing Society In: Toward A Theory Of Publicservice Motivation [J]. Journal Of Public Administration Theory And Research, 2000, 10 (2): 471-488.

[121] Pratchett L, Wingfield, M. Petty. Bureaucracy & Woolly-Minded Liberalism? The Changing Ethos Of Local Government Officers[J]. Public Administration Review, 1996, 74: 639-656.

[122] Woodhouse D. In Pursuit Of Good Administration - Ministers, Civil Servants And Judges[M]. Oxford, UK: Clarendon Press, 1997.

[123] Vandenabeele W. Towards A Theory Of Public Service Motivation: An Institutional Approach[J]. Public Management Review, 2007, 9 (4): 545-556.

[124] Knoke D, Isak, W, Et Al. Individual Motives And Organizational Incentive Systems[J]. Research In The Sociology Of Organizations, 1982, 16 (1): 209-254.

[125] Perry LJ. Measuring Public Service Motivation: An Assessment Of Construct Reliability And Validity[J]. Journal Of Public Administration Research And Theory, 1996, 6 (1): 5-22.

[126] Frederickson GH. Toward A New Public Administration[M]. Scranton, Pa: Chandle, 1971.

[127] Frederickson GH, Hart, KD. The Public Service And The Patriotism Of Benevolence[J]. Public Administration Review, 1985, 45 (3): 547-553.

[128] Vandenabeele W. Development Of A Public Service Motivation Measurement Scale: Corroborating And Extending Perry'S Measurement Instrument[J]. International Public Management Journal, 2008, 11 (1): 143-167.

[129] Kim S. Revising Perry's Measurement Scale Of Public Service Motivation [J]. The American Review Of Public Administration, 2009, 39 (2): 149 – 163.

[130] Liu BC, Tang, NY, Zhu, X. Public Service Motivation And Job Satisfaction In China: An Investigation Of Generalisability And Instrumentality [J]. International Journal Of Manpower, 2008, 29 (8): 684 – 699.

[131] Perry LJ. Antecedents Of Public Service Motivation [J]. Journal Of Public Administration Research And Theory, 1997, 7 (2): 181 – 197.

[132] Wright EB. Methodological Challenges Associated With Public Service Motivation Research [M]. Oxford, UK: Oxford University Press, 2008.

[133] Camilleri E. Antecedents Affecting Public Service Motivation [J]. Personnel Review, 2007, 36 (3): 356 – 377.

[134] Moynihan D, Pandey. The Role Of Organizations In Fostering Public Service Motivation [J]. Public Administration Review, 2007, 67 (1): 40 – 53.

[135] Perry LJ, Brudney, LJ, Coursey, D. What Drives Morally Committed Citizens? A Study Of The Antecedents Of Public Service Motivation [J]. Public Administration Review, 2008, 68 (3): 445 – 458.

[136] Mahony P MI, Hextall I. The Emotional Impact Of Performance – Related Pay On Teachers In England [J]. British Educational Research Journal, 2004, 30 (3): 435 – 456.

[137] Blau G. An Investigation Of The Apprenticeship Organizational Socialization Strategy [J]. Journal Of Vocational Behavior, 1988, 32 (3): 176 – 195.

[138] Graen G, Dansereau, F. Dysfunctional Leadership Styles [J]. Organizational Behavior And Human Performance, 1972, 7 (4): 216 – 236.

[139] 王雁飞、朱瑜. 组织领导与成员交换理论研究现状与展望 [J]. 外国经济与管理, 2006, 28 (1): 30 – 38.

[140] Graen GB, UHL MB. Relationship – Based Approach To Leadership: Development Of Leader – Member Exchange (Lmx) Theory Of Leadership Over 25 Years: Applying A Multi – Level Multi – Domain Perspective [J]. Leadership Quarterly, 1995,

6（2）：219－247.

［141］Graen GB, Cashmanj. A Role－Making Model Of Leadership In Formal Organizations：A Developmental Approach［M］. Kent, OH：Kent State University Press,1975.

［142］Graen GB, Scandura, T. Toward A Psychology Of Dyadic Organizing［J］. Research In Organizational Behavior,1987,9（3）:175－208.

［143］Dienesch RM, Liden, RC. Leader－Member Exchange Model Of Leadership：A Critique And Further Development［J］. Academy Of Management Review,1986,11（3）:618－634.

［144］Liden RC, Maslyn, J. Multidimensionality Of Leader－Member Exchange：An Empirical Assessment Through Scale Development［J］. Journal Of Management,1998,24（3）:43－72.

［145］Liden RC, Parsons, C. Understanding Interpersonal Behavior In The Employment Interview.［M］. Lawrrence Eilbaum：Hillsdale,1989.

［146］Delluga R, Perry, T. The Role Of Subordinate Performance And Ingratiation In Leader－Member Exchanges［J］. Group And Organization Management,1994,19（2）:67－86.

［147］Wang H, Law, K. S, Hackett, R. Leader－Member Exchange As A Mediator Of The Relationship Between Transformational Leadership And Followers´Performance And Organizational Citizenship Behavior［J］. Academy Of Management Journal,2005,48（3）:420－432.

［148］Gerstner CR, Day, DV Meta－Analytic Review Of Leader－Member Exchange Theory：Correlates And Construct Issues［J］. Journal Of Applied Psychology,1997,82（3）:827－844.

［149］Schriesheim AC, Castro, LS, Cogliser, CC. Leader－Member Exchange（Lmx）Research：A Comprehensive Review Of Theory, Measurement, And Data－Analytic Practices［J］. Leadership Quarterly,1999,10（1）:63－113.

［150］Graen NG, Sommerkamp, P. The Effects Of Leader－Member Exchange And

Job Design On Productivity And Satisfaction: Testing A Dual Attachment Model[J]. Organizational Behavior And Human Decision Process,1982,30(1):109 – 131.

[151] Chun HA, Lawa, SK, Zhen XC. A Structural Equation Model Of The Effects Of Negative Affectivity, Leader – Member Exchange And Perceived Job Mobility On In – Role And Extra – Role Performance: A Chinese Case[J]. Organizational Behavior And Human Decision Process,1999,77(1):3 – 21.

[152] Liden RC, Sparrowe, R, Wayne, S. Leader – Member Exchange Theory: The Past And Potential For The Future. [J]. [J]. Research In Persnnel And Human Resource Management,1997,15(1):47 – 119.

[153] Duchon D, Green, S, Taber, T. Vertical DYAD Linkage: A Longitudinal Assessment Of Antecedents, Measures, And Consequences[J]. Journal Of Applied Psychology,1986,71(1):56 – 60.

[154] Liden RC, Wayne, S, Stilwell, D. A Longitudinal Study On The Early Development Of Leader – Member Exchange[J]. Journal Of Applied Psychology,1993,78(4):662 – 674.

[155] Allinson CW, Armstrong, SJ, Hayes, J. The Effects Of Cognitive Style On The Leader – Member Exchange: A Study Of Manager Subordinate Dyads[J]. Journal Of Occupational And Organizational Psychol,2001,74(4):210 – 220.

[156] Philiphs A, Bedeian, A. Leader – Follower Exchange Quality: The Role Of Personal And Interpersonal Attributes[J]. Academy Of Management Journal,1994,37(4):990 – 1001.

[157] Townsend JC, Silva, ND, Mueller, L. Attribution Complexity: A Link Between Training, Job Complexity, Decision Latitude, Leader – Member Exchange, And Performance[J]. [J]. Journal Of Applied Social Psychology,2002,32(1):207 – 222.

[158] Dockey T, Steiner, D. The Role Of The Initial Interaction In Leader – Member Exchange[J]. Group And Organization Studies,1990,15(4):395 – 413.

[159] Wayne SJ, Green, SA. The Effects Of Leader – Member Exchange On Employee Citizenship And Impression Management Behavior[J]. Human Relations,1993,

46 (12):1431 – 1440.

[160] Delluga RJ, Editor. The Relationship Of Leader – Member Exchanges With Laissez – Faire, Transactional, And Transformational Leadership. Center For Creative Leadership:Greensboro, Newcity,1992.

[161] Liden RC, Greaen, GB. Generalizability Of The Vertical DYAD Linkage Model Of Leadership[J]. Academy Of Management Journal,1980,23 (3):451 – 465.

[162] Janssen O, Yperen, VW. Employees Goal Orientations, The Quality Of Leader – Meanber Exchange. And The Outcomes Of Job Performance And Job Satisfaction[J]. Academy Of Management Journal,2004,47 (3):368 – 384.

[163] Chiaburu DS. The Effects Of Instrumentality On The Relationship Between Goat Orientation And Leader – Member Exchange[J]. The Journal Of Social Psychology,2005,145 (3):365 – 367.

[164] Dienesch R, Liden, R. Leader – Member Exchange Model Of Leadership:A Critique And Further Development [J]. Academy Of Management Review, 1986, 11 (3):618 – 634.

[165] Kinichi A, Vecchio, R. Influences On The Quality Of Supervisor – Subordinate Relations:The Role Of Time – Pressure, Organizational Commitment, And Locus Of Control. [J]. Journal Of Organizational Behavior,1994,15 (1):75 – 82.

[166] Green GS, Anderson, ES, Shivers, LS. Demographic And Organizational Influences On Leader – Member Exchange And Related Work Attitudes[J]. Journal Of Applied Psychology,1996,66 (2):203 – 214.

[167] Lee J. Leader – Membet Exchange, Perceived Organizational Justice, And Cooperative Communication [J]. Management Communication Quarterly, 2001, 14 (4): 574 – 589.

[168] Morrison WE. Role Definitions And Organizational Citizenship Behavior:The Importance Of The Employee'S Perspective. [J]. Academy Of Management Journal, 1994,37 (6):1543 – 1567.

[169] Ishak N. Leader – Member Exchange And Organizational Citizenship Behav-

ior:The Mediating Impact Of Self – Esteem[J]. International Journal Of Businiss And Management,2009,4(3):52 – 61.

[170]Hooper D, Martin, R. Beyond Personal Leader – Member Exchange (Lmx) Quality:The Effects Of Perceived LMX Variability On Employee Reactions[J]. The Leadership Quarterly,2008,19(1):20 – 30.

[171]Krishnan V. Impact Of Transformational Leadership On Followers' Influence Strategies[J]. Leadership Organization Development Journal,2004,25(1):58 – 72.

[172]Dasborough M, Ashkanasy. Emotion And Attribution Of Intentionality In Leader – Member Relationships[J]. The Leadership Quarterly, 2002, 13(5): 615 – 634.

[173]Martin R, Thomas, G, Charles, K. The Role Of Leader – Member Exchanges In Mediating The Relationship Between Locus Of Control And Work Reactions[J]. Journal Of Occupational And Organizational Psychology,2005,78(1):141 – 147.

[174]Erdogan LB, Kraimer, ML. Justice And Leader – Member Exchange:The Moderating Role Of Organizational Culture[J]. Academy Of Management Journal,2006, 49(2):395 – 406.

[175]梁巧转,唐亮,王玥.领导成员交换组织层面前因变量及存在的调节效应分析[J].科学与科学技术管理,2008,8(1):183 – 188.

[176]Katrinli A, Atabay, G. Perception Of Organizational Politics And Lmx:Linkages In Distributive Justice And Job Satisfaction[J]. African Journal Of Business Management,2010,14(4):3110 – 3121.

[177]Klein HJ, Kim, JS. A Field Study Of The Influence Of Situational Constraints, Leader – Member Exchange, And Goal Commitment On Performance[J]. The Academy Of Management Journal,1998,41(1):88 – 95.

[178]Levy PD, Hall, JR. The Role Of Leader – Member Exchange In The Performance Appraisal Process[J]. Journal Of Management,2006,31(4):531 – 551.

[179]Luthens F. The Need For And Meaning Of Positive Organizational Behavior [J]. Journal Of Organizational Behavior,2002,23(6):695 – 706.

[180] Robinson D PS, Hayday S. The Drivers Of Employee Engagement[J]. Institute For Employment Studies. Institute For Employment Studies: Brighton, 2004.

[181] Saks MA. Antecedents And Consequences Of Employee Engagement[J]. Journal Of Managerial Psychology, 2006, 21 (7): 600 - 619.

[182] Baumruk R. The Missing Link: The Role Of Employee Engagement In Business Success[J]. Workspan, 2004, 47 (3): 48 - 52.

[183] Richman A. Everyone Wants An Engaged Workforce How Can You Create It? [[J]. Workspan, 2006, 49 (1): 36 - 39.

[184] Shaw K. An Engagement Strategy Process For Communicators[J]. Strategic Communication Management, 2005, 9 (3): 26 - 29.

[185] Frank F, Finnegan, RP, Taylor, CR. The Race For Talent: Retaining And Engaging Workers In The 21st Century[J]. Human Resource Planning, 2004, 27 (3): 12 - 25.

[186] Kahn WA. Psychological Conditions Of Personal Engagement And Disengagement At Work[J]. Academy Of Management Journal, 1990, 33 (4): 692 - 724.

[187] Rothbard PN. Enriching Or Depleting? The Dynamics Of Engagement In Work And Family Roles [J]. Administrative Science Quarterly, 2001, 46 (3): 655 - 684.

[188] Maslach C, Schaufelli, WB, Leiter, MP. Job Burnout[J]. Annual Review Of Psychology, 2001, 52 (3): 397 - 422.

[189] Gonzalez VR, Bakker AB. Burnout And Work Engagement: Independent Factors Or Opposite Pole[J]. Journal Of Vocational Behavior, 2006, 68: 165 - 174.

[190] Schaufeli W, Gonzalez VR. The Measurement Of Engagement And Burnout: A TWO Sample Confirmatory Factor Analytic Approach[J]. Journal Of Happiness Studies, 2002, (3): 71 - 92.

[191] Britt T, Bartone, PT, Adler, AB. Deriving Benefits From Stressful Events: The Role Of Engagement In Meaningful Work And Hardiness[J]. Journal Of Occupational Health Psychology, 2001, 6 (1): 53 - 63.

[192] May D, Gilson, HR. The Psychological Conditions Of Meaningfulness, Safety And Availability And The Egagement Of The Human Spirit At Work[J]. Journal Of Occupational & Organizational Psycholog, 2004, 77 (1): 11 - 37.

[193] Harter JK, Hayes TL. Business - Unit - Level Relationship Between Employee Satisfaction, Employee Engagement, And Business Outcomes: A Meta - Analysis[J]. Journal Of Applied Psychology, 2002, 87 (2): 268 - 279.

[194] Luthans F, Peterson, SJ. Employee Engagement And Manager Self - Efficacy: Implications For Managerial Effectiveness And Development[J]. The Journal Of Management Development, 2002, 21 (6): 376 - 387.

[195] Leiter M, Maslach, C, Editor Burnout And Health. Lawrence Erlbaum Associates: Mahwah: NJ, 2001.

[196] Cropanzano R, Mitchell, MS. Social Exchange Theory: An Interdisciplinary Review[J]. Journal Of Management, 2005, 31 (3): 874 - 900.

[197] Demerouti E, Janssen, JA, Schaufeli, WB. Burnout And Engagement At Work As A Function Of Demands And Control[J]. Scandinavian Journal Of Workwork, Environment & Health, 2001, 27 (4): 279 - 286.

[198] Schaufeli BW. From Burnout To Engagement: Toward A TRUE Occupational Health Psychology[C]. Athens, Greece, 2006.

[199] Hallberg U, Johansson, G, Schaufeli, WB. Type A Behavior And Work Situation: Associations With Burnout And Work Engagement[J]. Scandinavian Journal Of Psychology, 2007, 31 (2): 135 - 142.

[200] Duran A, Extremera, N, Rey, L. Self - Reported Emotional Intelligence, Burnout And Engagement Among Staff In Services For People With Intellectual Disabilities[J]. Psychological Reports, 2004, 95 (2): 386 - 390.

[201] Langelaan S, Bakker, AB, Doornen, VL. Burnout And Work Engagement: Do Individual Differences Make A Difference? [J]. Personality And Individual Differences, 2006, 40 (4): 521 - 532.

[202] Schaufeli W, Bakker, AB. Job Demands, Job Resources, And Their Relation-

ship With Burnout And Engagement: A Multi-Sample Study[J]. Journal Of Organizational Behavior, ,2004,25(3):293-315.

[203] Sonnentag. Recovery, Work Engagement, And Proactive Behavior: A New Look At The Interface Between Non-Work And Work[J]. Journal Of Applied Psychology,2003,88(3):518-528.

[204] Hakanen J, Bakker, AB, Schaufeli, WB. Burnout And Work Engagement Among Teachers[J]. Journal Of School Psychology,2006,43(6):495-513.

[205] Salanova M, Agut, S, Peiro, JM. Linking Organizational Resources And Work Engagement To Employee Performance And Customer Loyalty: The Mediation Of Service Climate[J]. Journal Of Applied Psychology,2005,90(6):1217-1227.

[206] 新华网. 胡锦涛:在全国优秀教师代表座谈会上的讲话 2007.

[207] 新华网. 2008 年政府工作报告. 2008.

[208] 胡耀宗,童宏保. 义务教育学校教师绩效工资财政保障机制探讨[J]. 中国教师,2009,23(1):4-8.

[209] Baker WE, Jimerson, JB. The Sociology Of Money[J]. American Behavioral Scientist,1992,35:678-693.

[210] Furnham A, Argyle, M. The Psychology Of Money[M]. London, UK: Routledge,1998.

[211] Mitchell TR, Mickel, AE. The Meaning Of Money: An Individual Difference Perspective[J]. Academy Of Management Review,1999,24(2):568-578.

[212] Stajkovic AD, Luthans, F. Differential Effects Of Incentive Motivators On Work

[213] Performance [J]. Academy Of Management Journal, 2001, 44(3):580-590.

[214] Pinder CC. Work Motivation: Theory, Issues, And Application. [M]. Glenview, IL: Scott, Foresman And Company. ,1984.

[215] Rainey HG. Understanding And Managing Public Organizations[M]. San Francisco, CA: Jossey-Bass. ,1991.

［216］Perry JL, Hondeghem, A. Motivation In Public Management: The Call Of Public Service. [M]. Oxford, UK: Oxford University Press. ,2008.

［217］凌文辁. 组织心理学的新进展［J］. 应用心理学,1997,3（1）:171-181.

［218］李晔,龙立荣. 工作卷入研究综述.［J］. 社会心理研究,1999,7（4）:571-631.

［219］教育部. 关于做好义务教育学校教师绩效考核工作的指导意见. 2009.

［220］Gabris GT, Ihrke, DM. Improving Employee Acceptance Toward Performance Appraisal And Merit Pay Systems: The Role Of Leadership Credibility. [J]. Review Of Public Personnel Administration,2000,20（1）:41-53.

［221］Kellough JE, Lu, H. The Paradox Of Merit Pay In The Public Sector: Persistence Of A Problematic Procedure[J]. Review Of Public Personnel Administration,1993,13（1）:45-64.

［222］Salimaki J. Perceptions Of Politics And Fairness In Merit Pay[J]. Journal Of Managerial Psychology,2010,25（3）:229-251.

［223］Nunnally JC. Psychometric Theory[M]. New York: Mcgraw-Hill,1978.

［224］Mcfarlin DB, Sweeney, PD. Distributive And Procedural Justice As Predictors Of Satisfaction With Personal And Organizational Outcomes[J]. Academy Of Management Journal,1992,35（3）:626-637.

［225］Cohen-Charash Y, Spector, PE. The Role Of Justice In Organizations: A Meta-Analysis[J]. Organizational Behavior And Human Decision Processes,2001,86（2）:278-321.

［226］Inoue A, Kawakami, N, Ishizaki, M, Shimazu, A, Tsuchiya, M, Tabata, M, Akiyama, M, Kitazume, A, Kuroda, M. Organizational Justice, Psychological Distress, And Work Engagement In Japanese Workers. [J]. International Archives Of Occupational And Environmental Health,2010,83（1）:29-38.

［227］张轶文,甘怡群. 中文版 Utrecht 工作投入量表（UWES）的信效度检验[J]. 中国临床心理学杂志,2005,13（3）:268-270.

［228］Eisenberger R, Cameron, J. Detrimental Effects Of Reward: Reality Of Myth?

[J]. American Psychologist,1996,51:1153-1166.

[229]Jung CS,Rainey,HG. Organizational Goal Characteristics And Public Duty Motivation In U. S. Federal Agencies The International Public Service Motivation Research Conference:Indiana University,Bloomington. ,2009.

[230]Bright L. Public Employees With High Levels Of Public Service Motivation : Who Are They,Where Are They,And What Do They? Want[J]. Review Of Public Personnel Administration,2005,25(2):138-154.

[231] Perry JL, Vandenabeele, W. Behavioral Dynamics: Institutions,. Identities, And Self-Regulation[J]. 2008.

[232]Crewson P. Public-Service Motivation:Building Emprical Evidence Of Incidence And Effect[J]. Journal Of Public Administration Research And Theory,1997, (4):499-518.

[233]Rainey GH. Public Agencies And Private Firms Incentive Structures,Goals, And Individual Roles[J]. Administration & Society,1983,15(2):207-242.

[234]Wright BE. Public Service And Motivation:Does Mission Matter? [J]. Public Administration Review,2007,67(1):54-64.

[235]Alonso P,Lewis,GB. Public Service Motivation And Job Performance:Evidence From The Federal Sector. [J]. The American Review Of Public Administration, 2001,31(4):363-380.

[236]Folger R,editor Fairness as a Moral Virtue. Lawrence Erlbaum Associates: Mahwan,NJ,1998.

[237]Bright L. Does Public Service Motivation Really Make A Difference On The Job Satisfaction And Turnover Intentions Of Public Employees? [J]. American Review Of Public Administration & Society,2008,38(2):149-166.

[238]Steijn B. Person-Environment Fit And Public Service Motivation. [J]. International Public Management Journal 2008,11(1):13-27.

[239]Park SM,Rainey,HG. Leadership And Public Service Motivation In U. S. Federal Agencies. [J]. International Public Management Journal, 2008, 11 (1):

109 – 142.

[240] Kim S. Individual – Level Factors And Organizational Performance In Government Organizations [J]. Journal Of Public Administration Research And Theory, 2005, 15 (2):245 – 261.

[241] Brewer GA, Selden. SC. Why Elephants Gallop: Assessing And Predicting Organizational Performance In Federal Agencies [J]. Journal Of Public Administration Research And Theory, 2000, 10 (4):685 – 711.

[242] Masterson S, Lewis, K., Goldman, B. M., Taylor, M. S. 2000. Integrating justice and social exchange: The differing effects of fair procedures and treatment on work relationships [J]. Academy of Management Journal, 2000, 43 (738 – 748).

[243] Konovsky MAP, S. D. Citizenship and Social Exchange [J]. Academy of Management Journal, 1994, 37:656 – 669.

[244] 钟建安,谢萍,陈子光. 领导成员交换理论的研究及发展趋势[J]. 应用心理学,2003,9 (2):46 – 50.

[245] 任孝鹏,王辉. 领导部属交换的回顾与展望[J]. 心理科学进展,2005,13 (6):788 – 797.

[246] 张莉,刘宝巍,贾琼,Earn B. 基于领导成员交换关系的沟通满意度研究[J]. 管理评论,2009,(4):72 – 82.

[247] Bhal KT, Ansari, MA. Leader – Member Exchange – Subordinate Outcomes Relationship: Role Of Voice And Justice [J]. Leader Organization, 2007, 28 (1): 20 – 35.

[248] Dansereau FJ, Graen, G, Haga, WJ. A Vertical Dyad Linkage Approach To Leadership Within Formal Organizations: A Longitudinal Investigation Of The Role Making Process. [J]. Organizational Behavior And Human Performance, 1975, 13:46 – 78.

[249] Masterson SS, Lewis, K, Goldman, BM, Taylor, MS. 2000. Integrating Justice And Social Exchange: The Differing Effects Of Fair Procedures And Treatment On Work Relationships [J]. Academy Of Management Journal, 2000, 43 (738 – 748).

[250] Erdogan B. Antecedents And Consequences Of Justice Perceptions In Per-

formance Appraisals. [J]. Human Resource Management Review,2002,12:555-578.

[251] Scandura TA. Rethinking Leader - Member Exchange: An Organizational Justice Perspective. [J]. Leadership Quarterly,1999,10:25-40.

[252] Hackett PR. ,Farh JI,Song IJ,Lapierre LM. LMX and organizational citizenship behavior:Examinationing the links within and across Western and Chinese samples 219—263. . In:Graen G,editor. Dealing With Diversity:LMX Leadership - the series. CT:Information Age:Greenwich,2003

[253] Gerstner CR,Day,DV. Meta - analytic review of leader - member exchange theory:correlates and construct issues[J]. Journal of Applied Psychology,1997,82 (3): 827-844.

[254] Mumford MD,Costanza,DP. ,Connelly,MS. Item Generation Procedures And Background Data Scales:Implications For Construct And Criterion - Related Validity. [J]. Personal Psychology,,1996,49 (2):361-398.

[255] Dillman D. Mail And Telephone Surveys:The Total Design Method[M]. New York:John Wiley & Sons,1978.

[256] Greenberg J. Stealing in the Name of Justice:Information and Interpersonal Moderators of Theft Reactions to Underpayment Inequity [J]. Organizational Behavior and Human Decision Process,1993,54:81-103.

[257] Bies RJ,Moag J,Interactional Justice:Communication Criyeria of Fairness. JAI Press:Greenwich,CT,1986.

[258] Perry JL,Hondeghem,L,Wise,LR. Revisiting The Motivational Bases Of Public Service:Twenty Years Of Research And An Agenda For The Future[J]. Public Administration Review,2010,70 (5):681-690.

[259] Lee C,Pillutla,M,Law,KS. Power Distance,Gender,And Organizational Justice. [J]. Journal Of Management,2000,26 (4):685-704.

[260] Watkins CE,Tipton,RM. Role Relevance And Role Engagement In Contemporary School Psychology[J]. Professional Psychology:Research And Practice,1991,22 (4):328-332.

[261] Nunnally JC. Psychometric Theory[M]. New York:Mcgraw – Hill,1978.

[262]陈晓萍,徐淑英,樊景立.组织与管理研究的实证方法[M].北京大学出版社,2008.6.

[263]温忠麟,张雷,侯杰泰,刘红云.中介效应检验程序及其应用[J].心理学报,2004,36(5):614 – 620[J].心理学报,2004,36(5):614 – 620.

[264] Churchill Jr GA,1979,16:64 – 73. A Paradigm For Developing Better Measures Of Marketing Constructs[J]. Journal Of Marketing Research,1979,16:64 – 73.

[265] Emory CWRD. Business Research Methods [M]. Homewood, IL,:Irwin,1980.

[266] Brown TA. Confirmatory Factor Analysis for Applied Research [M]. New York:The Guilford Press,2006.

[267]卢纹岱.SPSS For Windows 统计分析[M].北京:电子工业出版社,2002.

[268] Locke EA. The Motivation To Work:What We Know[J]. Advances In Motivation And Achievement,1997,10:375 – 412.

[269]林家五,熊欣华,黄国隆.认同对决策嵌陷行为的影响:个体与群体层次的分析.[J].台湾管理学刊,2006,6(1):157 – 180.

[270]Britt TW. Aspects Of Identity Predict Engagement In Work Under Adverse Conditions[J]. Self And Identity,2003,2(1):31 – 45.

[271]曹刚,成云.论西部落后地区教师绩效工资的资金保障[J].网络财富,2010,(9):44 – 46.

[272] Greenburg J. Determinants of Perceived Fairness of Performance Evaluation [J]. Journal of Applied Psychology,1986,71(3):340 – 342.

[273] Alexander S. RM. The Role of Procedural and Distributive Justice in Organizational Behavior[J]. DSocial Justice Research,1987,(1):177 – 198.

[274] Brockner J. WB,editor How,When,and Why does Outcome Favorability Interact with Procedural Fairess? Lawrence Erlbaum Associates:Mahwah,2005.

[275]程正方.现代管理心理学[M].北京:北京师范大学出版社,2002.

[276] Frey BS,Jegen, R. Motivation Crowding Theory[J]. Journal Of Economic

Surveys,2001,15(5):589-611.

[277]Taylor J. Organizational Influences, Public Service Motivation And Work Outcomes: An Australian Study[J]. International Public Management Journal,2008,11(1):67-88.

[278]Lind EK,CT; Ambrose, M. Individual and Corporate Dispute Resolution: Using Procedural Fairness as a Decison Heuristic[J]. Administrative Science Quarterly,1993,38:224-251.

[279]Van den Bos K. Uncertainty Management: The Influence of Uncertainty Salience on Reaction to Perceived Procedural Fairness[J]. Journal of Personality and Social Psychology,2001,(80):931-941.

[280]Brocker J, Wiesenfeild, BM, Reed, T, Grover, S, Martin, C. Interactive Effect Of Job Content And Context On The Reactions Of Layoff Survivors[J]. Journal Of Personality And Social Psychology,1993,64(2):187-197.

[281]迈克尔著,郓益奋摘译.政策子系统框架和政策改变:政策过程的后实证分析[J].国家行政学院学报,2005,(1):91-94.